HOMO CHATGPTCUS

챗GPT와 함께 쓰는 아이로 진화하는 방법을 알려드립니다.

챗GPT로 우리 아이 작가 되기, 완벽 가이드

윌슨 샘 지음

바른북스   엠티엠이엔티

들어가며

혹시 여러분의 아이가 작가가 되는 꿈을 꿔본 적이 있으세요?

저는 개인적으로 수십 번이나 책을 써보겠다고 결심했지만, 늘 작심삼일을 넘기기 힘들었습니다. 한 달이 지나면 목표가 희미해졌고, 3개월이 지나면 쓰던 책을 포기하고 말았습니다. 그렇게 10년 넘게 실패를 반복하며 이유를 되짚어 보았습니다. 결국, 제가 고민하던 문제는 명확했습니다. 쓰고 싶은 이야기는 많았지만, A4용지 3장을 넘기기 힘들다는 점이었습니다. 300페이지 분량을 채우는 것은 막연하게 느껴졌고, 불가능에 가까운 일이었죠.

그러나 이번에 책을 내면서 마침내 문제를 해결할 방법을 찾았습니다. 바로 챗GPT라는 강력한 인공지능을 활용한 것입니다. 사실, 대부분의 책은 작가가 전하고자 하는 핵심 내용이 A4용지 몇 장 안에 담겨 있고, 나머지는 이를 뒷받침하는 예시, 설명, 그리고 참고 자료가 채우는 경우가 많습니다.

챗GPT를 활용하면 우리도, 우리 아이도 30일에서 60일이면 가족이 함께 쓴 책 한 권을 완성할 수 있습니다. 취미 생활을 주제로 한 책도 손쉽게 만들어낼 수 있죠. 그럼, 이제 그 방법에 대해 자세히 설명해 보겠습니다.

아이들이 글을 쓰는 시대는 예전과 사뭇 달라졌습니다. 예전에는 연필을 쥐고 종이 위에 아이디어를 적고 현장답사나 많은 양의 책을 참조하고 편집을 했어야 했다면 앞으로 이 모든 과정을 거의 대부분 챗GPT가 대신 해 줄 것입니다.

이제는 인공지능과 함께 글을 쓸 수 있는 시대가 열렸습니다. '챗GPT'라는 도구는 아이들이 상상력을 펼치고, 창의적으로 글을 쓰는 데 큰 도움을 줄 수 있는 놀라운 파트너입니다. 아이들은 글을 쓰다가 막혀도 AI와의 대화를 통해 아이디어를 새롭게 얻고, 문장을 매끄럽게 다듬을 수 있습니다.

여기서 중요한 점은, 챗GPT는 단순히 글을 대신 써주는 것이 아니라 아이가 직접 생각을 정리하고 글을 발전시킬 수 있는 '교사' 역할을 한다는 것입니다. 아이는 스스로의 생각을 구조화하고 표현하는 과정에서 AI의 도움을 받아 자신만의 글을 만들어 나가는 경험을 하게 됩니다. 그 과정 속에서 아이들은 글쓰기의 즐거움은 물론, 자신감까지 키울 수 있습니다.

우리가 맞이한 이 새로운 글쓰기 시대는, 기술의 발전과 함께 더 많은 가능성을 열어주고 있습니다. 그렇다고 해서 창의성과 상상력이 사라지는 건 아닙니다. 오히려 AI는 아이들의 상상력을 더 자유롭게 펼칠 수 있도록 돕는 훌륭한 도구입니다. 글쓰기가 어렵다고 느끼는 아이도, 챗GPT와 함께라면 새로운 방식으로 글을 쓰는 즐거움을 느낄 수 있을 것입니다.

이 책은 아이들이 챗GPT와 함께 글을 쓰며, '작가'라는 꿈을 이루는 여정을 돕기 위해 만들어졌습니다. 글쓰기란 혼자만의 여정이 아니라, 때론 친구나 선생님과 함께 협력하는 것처럼 AI와의 협업이 중요한 시대가 되었죠. 챗GPT는 아이가 쓴 문장을 개선해주고, 새로운 아이디어를 제시하며, 그 과정에서 아이의 글쓰기 실력을 자연스럽게 향상시켜 줍니다.

기술과 인간의 창의성이 만나 새로운 시너지를 만들어내는 이 시대에, 아이들은 이제 더 이상 '글쓰기의 두려움'을 느낄 필요가 없습니다. 이 책을 통해 아이가 AI와 함께 즐겁게 글을 쓰고, 멋진 이야기를 만들어가는 과정을 경험하길 바랍니다.

또한, 우리 가족이 아이와 함께 인공지능과 협력하는 방법을 익혀간다면, 앞으로 인공지능을 사용하는 사람들과 그렇지 않은 사람들 사이에 삶의 질과 풍요로움에서 큰 차이가 생길 것입니다. 다가올 미래는 인공지능을 잘 활용하는 것이 곧 새로운 기회를 얻는 중요한 열쇠가 될 테니까요.

앞으로의 시대는 인공지능이 우리의 직업을 빼앗는 위협의 시대가 아닙니다. 오히려, 인공지능과 협력할 줄 아는 사람과 그렇지 않은 사람으로 구분되는 시대입니다. 그리고 우리 아이들이 그 변화의 선두에 서 있습니다.

상상력과 창의력이 가득한 우리 아이들이 그 꿈을 이루는 멋진 시간을 지금부터 함께 시작해 보는 건 어떨까요?

이 책은 챗GPT의 도움을 받아, 여러분의 아이가 더 쉽게 작가가 될 수 있는 특별한 방법을 소개합니다.

저는 아이들이 가진 무한한 잠재력을 믿습니다. 그 잠재력을 글쓰기를 통해 끌어 낼 수 있도록 돕는 것이 바로 이 책의 목적입니다.

챗GPT로 우리 아이 작가 되기, 완벽 가이드는 1편 "챗GPT를 활용한 45일 안에 우리 아이 작가 만들기" 의 후속작으로, 단순한 글쓰기 교재를 넘어 아이들이 글쓰기의 즐거움을 발견하고, 자신만의 이야기를 만들어가는 특별한 과정을 제공합니다. 최신 인공지능 기술인 챗GPT를 활용하여 아이들이 성장하고 자신감을 키울 수 있도록 돕는 완벽한 안내서가 될 것입니다.

아이들이 글을 쓴다는 것은 단순히 생각과 감정을 표현하는 것이 아닙니다. 그것은 논리적인 사고와 주장을 통해 세상과 소통하는 방법을 배우는 중요한 과정이죠. 이 책은 그 과정을 더 즐겁고 흥미롭게 만들어 줄 것입니다.

45일 동안 매일 새로운 도전과 성취를 경험하며, 결국 아이들은 하나의 책을 완성해 내는 기적을 경험하게 됩니다. 그 순간, 아이들은 그 어떤 말로도 표현할 수 없는 성취감과 자부심을 느낄 것입니다. 챗GPT의 도움으로 아이들은 창의적인 글쓰기 활동과 흥미로운 과제를 통해 글 쓰기에 대한 흥미를 지속하며 자신만의 목소리를 찾게 됩니다.

또한, 부모님과 함께하는 활동은 아이와 부모가 함께 성장하고, 소중한 추억을 쌓을 수 있는 기회를 제공하게 됩니다. 우리 아이가 챗GPT와 함께 자신의 상상력을 펼치고, 독창적인 이야기를 만들어가며 이 책을 통해 아이는 자신만의 목소리를 찾고, 더 나아가 미래의 작가로 성장하는 길을 걷길 바랍니다.

1부 AI와 함께하는 새로운 글쓰기

Chart 1.	책을 펴내며	12
Chart 2.	챗 GPT란 무엇인가?	15
Chart 3.	챗 GPT를 쓰는 인간, Homo ChatGPTcus(호모챗GPT쿠스)	21
Chart 4.	누구를 위한 글쓰기인가? 나만의 독자를 찾아서	25
Chart 5.	2달 안에 내 이름으로 출판하기	32
Chart 6.	글쓰기 하루 1시간이면 충분한 이유	39
Chart 7.	코로나 시대, 글쓰기로 세상과 소통하는 법	46
Chart 8.	책 읽기 강요는 그만, 창의력을 키워보자	53
Chart 9.	4학년부터 작가 도전? 너무 이른거 아니냐고요?	61
Chart 10.	OO작가님, 아이에게 멋진 별명을 붙여라!	69
Chart 11.	논리력 쑥쑥! 하버드식 사고로 표현력 키우기	78
Chart 12.	첫 책, 엉망이어도 괜찮아! 실패에서 배우는 법	83
Chart 13.	부자들이 글쓰기를 중요하게 생각하는 이유는?	92
Chart 14.	80페이지의 비밀, 8개 차트로 완성하자	97
Chart 15.	45일만에 논문까지? 집중력을 높여라!	107
Chart 16.	작가가 되기 위한 초간단 4단계 논리법	120
	- 논리적 글쓰기 1단계: 독자에게 핵심을 전달하라	120
	- 논리적 글쓰기 2단계: 주장하고, 설명하고, 아이디어를 펼쳐라	123
	- 논리적 글쓰기 3단계: 내 의견, 근거로 증명하기	126
	- 논리적 글쓰기 4단계: 마무리엔 다시 한 번 강조해라	129

Chart 17.	첫날은 낙서처럼, 브레인스토밍을 즐기자	133
Chart 18.	소제목의 힘: 글의 뼈대 만들기	140
Chart 19.	부족한 부분은 서점의 책을 참조하자	147
Chart 20.	챗GPT, 숨겨진 힘을 200% 끌어내기	150
Chart 21.	형식에 얽매이지 말고 자유롭게 쓰자	157
Chart 22.	300페이지 책 읽기?, 2시간이면 충분하다!	162
Chart 23.	초보 작가를 위한 챗GPT 멘토링 팁	168
Chart 24.	가족이 함께하는 작가 도전기, 이보다 더 재미있을까?	171
Chart 25.	챗GPT로 45일, 우리 아이의 작가 도전기	180
Chart 26.	내아이의 글이 전 세계 독자에게 닿는 순간	189
Chart 27.	챗GPT가 바꿀 미래	194

4부 마지막 한 걸음: 출판부터 홍보까지

Chart 28.	내 책, 드디어 출판하기!	214
Chart 29.	내 손으로 만드는 표지 디자인	223
Chart 30.	"세상에 알리기: 나만의 홍보 전략 대공개!"	236

3부 한눈에 보는 챗GPT 글쓰기 팁 모음

Chart 31.	다양한 장르 탐색: 장르별 글쓰기	249
Chart 32.	챗GPT가 알려주는 문장 다듬기의 비법!	256
Chart 33.	제목의 힘: 독자의 마음을 사로잡는 마법!	261
Chart 34.	챗GPT로 실제 경험을 글로 쓰는 법	267
Chart 35.	이 책을 마치며	278

4부 부록

예시 모음   282

1부

시와 함께하는 새로운 글쓰기

Chart 1.
책을 펴내며

책을 쓰고 싶은 마음이 든 적 있으신가요? 저도 그랬습니다. 언제나 책을 내보고 싶다는 생각은 늘 강했지만, 쓰다가 지치고 어떻게 시작해야 할지 몰라서 포기하고 말았죠. 처음엔 자신감에 넘쳐 시작했다가 두 달째가 되면 점점 글쓰기가 벅차게 느껴졌고, 결국 책을 내는 건 평생 못할 일이라고 생각하게 되곤 했습니다.

그런데 어느 날, 점심시간에 서점에서 책을 읽고 나오며 다시 도전해 보자고 결심했습니다. 하지만 이번에는 무작정 쓰는 대신 조금 다른 방식으로 접근해 보기로 했습니다. 챗GPT라는 강력한 조력자와 하버드식 글쓰기 방법인 오레오 공식에 착안한 논리적 글쓰기 방식을 생각해냈습니다. 주장(Opinion), 이유 (Reason), 논리적 예시 (Example), 다시 주장 반복 (Opinion)으로 이어지는 단순한 구조인데, 이걸로 책 한 권을 45일 안에 완성할 수 있지 않을까 하는

기대가 들었죠.

그렇게 저는 2024년 어느 날, 1일 차에 전체 스크립트를 작성하기 시작했습니다. 이틀 차에는 30개의 소제목을 브레인스토밍으로 정리했죠. 그리고 점차 글의 뼈대가 완성되어 갔습니다. 흥미로운 점은, 이 과정에서 제가 혼자 고군분투하지 않았다는 것입니다. 바로 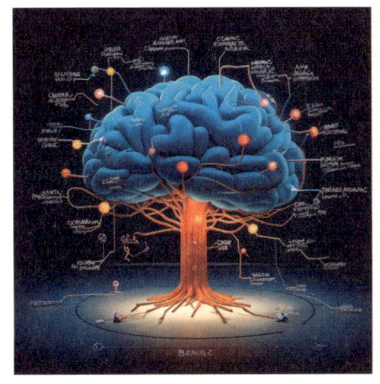 이 모든 과정에서 챗GPT가 제 든든한 조력자가 되었다는 사실입니다.

저 혼자서는 시간과 노력이 많이 들어갔을지도 모르는 작업을, 챗GPT의 도움으로 빠르게 해결할 수 있었습니다. 이를테면, 소제목을 정할 때 새로운 아이디어를 제공해주거나 더 나은 표현을 제안해주고 문장의 흐름을 자연스럽게 이어가도록 도와줬죠. 이렇게 하니 쓰는 속도가 빨라지고, 무엇보다도 지루하거나 글을 쓰는 게 더 이상 벅차게 느껴지지 않았습니다.

책을 쓰는 과정 자체가 재미있는 도전으로 바뀌게 된 겁니다.

이 방법은 비단 저 같은 사람에게만 유용한 게 아닙니다. 아이들, 회사원, 대학생 등 누구나 챗GPT를 활용해 글을 쉽게 쓸 수 있습니다. 아이와 함께라면, 아이가 좋아하는 주제로 이야기를 나누고 이를 차근차근 정리하면서 책 한 권을 완성해보는 건 어떨까요? 아이가 직접 작가가 되는 경험은 그 자체로도 뿌듯하지만, 논리적으로 생각하고 표현하는 능력을 키우는 데도 큰 도움이 됩니다. 아이가 "작가"라는 타이틀을 가지게 된다면 얼마나 멋질까요?

또한, 바쁜 회사원이라면 챗GPT를 활용해 보고서 작성 시간을 대폭 줄일 수 있습니다. 하루 종일 고생해서 작성해야 할 보고서도 이제는 두 시간 안에 깔끔하게 끝낼 수 있죠. 챗GPT가 자료를 정리해주고, 문장의 흐름을 매끄럽게 연결해주니 업무의 효율성이 확실히 올라갑니다. 상사에게 제출할 때도 자신감이 붙을 거예요.

대학생들도 이 방법을 활용하면 논문 작성이 훨씬 수월해질 겁니다. 논문을 쓸 때 가장 어려운 부분은 자료 정리와 문장 구성이잖아요. 챗GPT는 논리적인 흐름을 바탕으로 논문의 구조를 잡아주고, 자료를 효과적으로 정리할 수 있게 도와줍니다. 이 과정을 통해 논문 쓰기가 더 이상 두려운 과제가 아니라 도전할 만한 과업으로 바뀔 수 있습니다.

그렇다면, 하루에 40분만 투자해 45일 동안 이 과정을 반복하면 어떻게 될까요? 아이는 물론, 어른도 작가가 될 수 있습니다. 보고서도, 논문도 더 이상 어렵지 않습니다. 챗GPT와 함께라면, 누구든지 논리적이고 설득력 있는 글을 쉽게 쓸 수 있습니다. 이 경험을 통해 가족, 친구들 과 함께 작가가 되는 과정을 즐길 수 있을 것입니다. 무엇보다도 중요한 건, 과정 자체가 재미있고 성취감을 준다는 것입니다.

처음에는 엉성해도 괜찮습니다. 첫 시도부터 완벽할 필요는 없으니까요. 중요한 건 이 경험을 통해 한 단계씩 나아가는 것입니다. 챗GPT와 함께라면, 그 과정이 훨씬 쉽고 즐겁게 느껴지는 경험을 하게 될 테니까요.

Chart 2.

챗 GPT란 무엇인가?

챗GPT는 말 그대로 "대화하는 AI"입니다. 여기서 'GPT'는 'Generative Pre-trained Transformer'의 약자로, 쉽게 말해 사람들이 질문을 하면 그에 맞는 대답을 똑똑하게 만들어주는 인공지능 기술을 의미합니다. 다시 말하면, 여러분이 궁금한 걸 물어보면, 챗GPT는 그에 대한 정확하고 유용한 답을 빠르게 제공하는 AI 친구처럼 생각하면 됩니다. 그런데 그게 왜 중요한 걸까요? 챗GPT는 단순한 검색 엔진이 아니라, 복잡한 질문을 이해하고, 그에 맞는 정확한 답을 만들어 내는 능력을 가졌기 때문입니다. 이제부터 챗GPT가 어떻게 작동하는지, 왜 중요한지 쉽게 이해해 보겠습니다.

1. 챗GPT, 어떻게 대화할까?

예를 들어, 여러분이 "하늘을 나는 자동차는 언제 나올까?"라고 물어본다면, 챗GPT는 최신 기술과 과학 정보를 바탕으로 이렇게 대답할 수 있어요.

"하늘을 나는 자동차는 현재 개발 중에 있으며, 일부 회사에서는 시험 비행을 이미 시작했습니다. 그러나 상용화되려면 더 많은 기술적 발전이 필요할 것으로 보입니다."

챗GPT는 그냥 단순한 대답을 넘어, 관련 정보와 함께 사람처럼 논리적인 설명을 덧붙여 줄 수 있습니다.

2. 챗GPT, 어떻게 공부할까?

챗GPT는 인터넷에 존재하는 방대한 데이터를 학습하면서, 사람들의 말과 글을 이해하는 능력을 키워 왔습니다. 그래서 챗GPT는 단순한 답변이 아니라, 여러분이 묻는 질문의 맥락을 파악하고 그에 맞는 정보를 정확하게 제공할 수 있어요. 마치 여러분이 학교에서 친구에게 질문을 할 때, 친구가 잘 알고 있는 내용을 답해주는 것처럼요. 예를 들어, "피라미드는 어떻게 만들어졌나요?"라고 묻는다면, 챗GPT는 이렇게 대답할 수 있습니다.

"피라미드는 고대 이집트 사람들이 수천 년 전에 지은 거대한 무덤입니다. 주로 돌로 만들어졌으며, 노동자들이 수많은 돌을 쌓아서 구조물을 만들었습니다. 그 과정에서 많은 기술과 지식이 발전했습니다.

3. 챗GPT의 활용

챗GPT는 공부에 도움이 될 수 있는 다양한 일을 할 수 있습니다. 예를 들어, "이 글을 요약해 주세요." 또는 "이 문제를 풀어주세요."와 같은 요청을 하면 빠르고 정확하게 답을 제공합니다. 심지어 창의적인 글쓰기도 가능하죠. 여러분이 작문을 하려고 할 때, 주제를 정하고 아이디어를 얻는 데에도 챗GPT가 큰 도움이 될 수 있습니다.

4. 실제로 사용하는 예시

학교 과제나 프로젝트를 할 때, 챗GPT는 중요한 역할을 합니다. 예를 들어, 역사 과제를 하면서 "로마 제국의 멸망 원인"에 대해 물어보면, 챗GPT는 이렇게 대답할 수 있어요:

"로마 제국의 멸망 원인은 여러 가지가 있는데, 주요 원인은 내적인 정치적 부패와 외부의 침입입니다. 이로 인해 제국의 힘이 약해지면서 결국 멸망하게 되었습니다.

또한, 창의적인 과제나 프로젝트 아이디어가 필요할 때도, 챗GPT는 다양한 아이디어를 제공하며, 예를 들어 "학교에서 할 수 있는 재미있는 실험 아이디어를 알려줘."라고 물어보면 다양한 실험 아이디어를 제시해줍니다.

5. 챗GPT, 언제 유용할까?

여러분이 글을 쓸 때, 학습할 때, 또는 궁금한 점이 생겼을 때 챗GPT는 언제든지 유용하게 사용될 수 있습니다. 특히 정보가 필요한 순간, 문제를 풀어야 할 때, 아이디어가 필요할 때 챗GPT는 시간을 절약하고, 효율적으로 도와줄 수 있습니다.

챗GPT는 단순한 인공지능이 아니라, 우리의 궁금증을 해결하고, 창의성을 발휘할 수 있는 좋은 도구입니다. 누구든지 쉽게 대화를 나누고, 아이디어를 얻고, 문제를 해결하는 데 도움을 줄 수 있죠. 요즘 학생들이 공부하고 과제를 할 때, 챗GPT는 많은 도움을 줄 수 있는 유용한 친구처럼 활용될 수 있습니다. 그렇다면 이제 여러분도 챗GPT를 어떻게 활용할지 고민해 보세요.

Chart 3.

챗 GPT를 쓰는 인간, Homo ChatGPTcus(호모챗GPT쿠스)

한번 상상해보세요. 먼 미래의 박물관에 "인간의 진화" 섹션이 있다고 가정해봅시다. 한쪽에는 네안데르탈인이, 다른 한쪽에는 호모 사피엔스가 나란히 전시되어 있겠죠. 그런데 그 옆에, 바로 '호모챗GPT쿠스(Homo ChatGPTcus)'라는 이름의 새로운 인간 유형이 등장한다면 어떤 모습일까요? 바로 **AI, 특히 챗GPT와 함께 생각하고 살아가는 우리 자신**, 새로운 인간의 모습일지도 모릅니다!

호모챗GPT쿠스, 즉 챗GPT를 능숙하게 사용하는 인간이란 개념은 조금 낯설게 들릴 수 있습니다. 하지만 우리 주변엔 이미 다양한 모습의 호모챗GPT쿠스들이 살아가고 있어요. 학생들은 AI와 함께 숙제를 하고, 작가들은 AI를 통해 문장을 다듬고, 직장인들 역시 AI의 손길을 빌려 업무를 더 빠르고 효율적으로 처리하죠. 이제 AI는 단순한 도구를 넘어서, **우리가 배우고, 일하고, 소통하는 방식을 바꿔 놓은 새로운 파트너**가 되었습니다.

챗GPT가 일상 속에 스며드는 법

호모챗GPT쿠스는 AI와의 대화를 통해 **새로운 방식으로 사고**하기 시작합니다. 예를 들어, 글쓰기 초보가 챗GPT와 함께 이야기를 만들어가는 과정을 상상해보세요. "사자와 토끼가 친구가 되는 이야기를 써봐!"라고 챗GPT에게 말하면, 챗GPT는 이를 바탕으로 신선한 스토리를 이어 나갑니다. 그러다 보면, 평소에 생각지도 못했던 기발한 이야기가 펼쳐지고, **아이의 상상력과 창의력은 자연스럽게 커지게** 되죠.

또한, 질문하고 대답을 주고받는 과정에서 사고의 폭이 확장됩니다. 아이가 궁금한 점이 생기면 챗GPT에게 물어볼 수 있고, 챗GPT는 이를 쉽고 재미있게 설명해 줍니다. 가끔씩 엉뚱한 답변이 나올 때도 있지만, 바로 그 점이 AI와의 대화를 더 흥미롭게 만듭니다. 챗GPT와의 대화를 통해 **아이들은 비판적 사고를 배우고, 문제를 해결하는 새로운 방법도 익히게** 되죠.

우리의 하루를 함께하는 호모챗GPT쿠스의 모습

아침부터 저녁까지, 챗GPT와 함께하는 호모챗GPT쿠스의 하루는 어떤 모습일까요? 아침에 일어나서 챗GPT에게 "오늘 할 일 좀 정리해줘!"라고 하면, 챗GPT는 "수학 숙제, 축구 연습, 그리고 오늘 읽을 책 한 챕터!"라는 계획을 만들어 줍니다. 점심시간엔 친구들과 챗GPT의 다양한 기능들에 대해 얘기하며 웃고, 저녁엔 챗GPT의 도움으로 글을 써보며 하루를 마무리하죠. 이렇게 챗GPT는 친구처럼, 선생님처럼 우리와 일상을 함께하며, **더 즐겁고 풍부한 하루**를 만들어갑니다.

호모챗GPT쿠스가 가져올 미래

그렇다면, 호모챗GPT쿠스의 등장은 어떤 미래를 열어줄까요? 우선, 누구나 작가가 될 수 있는 세상이 열릴 것입니다. 챗GPT는 글쓰기의 어려운 부분을 도와주고 아이디어를 정리해 주면서, 모두가 쉽게 이야기를 풀어나갈 수 있도록 돕습니다. 또한, 새로운 아이디어와 문제 해결 능력이 더욱 발달하게 될 것입니다. 언제든지 AI의 도움을 받을 수 있으니, 아이들의 생각도 더 넓어지고 깊어질 수밖에 없겠죠.

더나아가 호모챗GPT쿠스는 '사람다운 사고'와 'AI의 사고'를 자유롭게 넘나드는 능력을 가지게 될 것입니다. 챗GPT는 창의적이긴 해도, 때로는 인간다운 따뜻함이 부족하죠. 그래서 호모챗GPT쿠스는 AI와 협력하면서도 인간만의 고유한 감성, 즉 진심 어린 소통과 배려를 잃지 않는 새로운 유형의 인간으로 거듭날 것입니다.

이처럼, 우리는 이미 호모챗GPT쿠스로 진화하는 길 위에 서 있습니다. 챗GPT와 함께하는 글쓰기 경험을 통해 아이들은 상상력과 사고력을 넓히고, 세상과 소통하는 법을 배우게 될 것입니다. '호모챗GPT쿠스'라는 새로운 진화의 흐름 속에서, 아이들뿐 아니라 우리 모두가 AI와 함께 더 나은 미래로 성장하고 있음을 기억해봅시다.

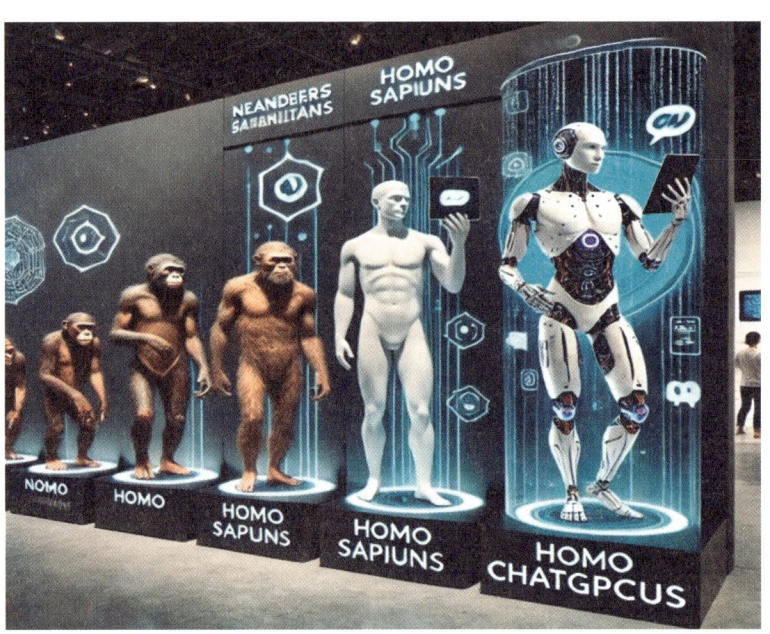

Chart 4.

누구를 위한 글쓰기인가? 나만의 독자를 찾아서

책을 쓰겠다고 마음먹은 사람이라면, 대부분의 경우 머릿속에 "이 책으로 100만 부 베스트셀러 작가가 될 수 있을까?" 하는 상상을 한번쯤은 해봤을 겁니다. 뭐, 그 꿈이 아주 뜬구름 잡는 건 아닐지도 모릅니다. 하지만 솔직히 말해서, 처음 책을 쓰는 사람들이 백만 부 작가가 되기까지는 꽤나 험난한 여정이 필요합니다.

글쓰기의 출발선은 마치 이제 막 첫 걸음을 떼기 시작한 아이가 올림픽 100m를 12초 대에 달리는 것을 목표로 삼는 것과 같아요. 누구나 처음부터 완벽할 필요는 없죠. 첫 책을 쓰는 과정은 '작가로서의 첫 걸음'을 내딛는 경험이 중요합니다. 여러분의 목표가 '대박'이 아니더라도, 그 책을 통해 무엇을 얻고자 하는지를 명확히 하는 것이 더 중요합니다.

그러니 처음부터 100만 부를 꿈꾸지 않아도 됩니다. 그리고 꼭 대규모 독자층을 타겟으로 삼을 필요도 없어요. 오히려 더 구체적이고 현실적인 독자층을 설정하는 것이 현명할 수 있습니다. 예를 들어, 여러분이 초등학교 3학년 자녀가 쓴 책을 출판하고 싶다면, 아이들의 고민과 부모들의 실생활 속 문제를 공략하는 것이 좋습니다. 초등학생들이 공감할 수 있는 이야기나, 부모들이 꼭 알고 싶은 내용을 다루는 책이라면 자연스럽게 독자층이 형성될 수 있죠.

글쓰기 여정의 첫 걸음은 완벽함이 아니라, 내 이야기를 들어줄 **첫 번째 독자**를 정하는 데서 출발하는 것이죠. 그리고 이 과정을 더욱 수월하고 재미있게 만들어줄 비법이 있다면? 바로 **챗GPT**를 활용하는 것입니다!

챗GPT는 단순히 정보를 제공하는 것뿐만 아니라, 글을 쓰는 과정에서 막막함을 덜어주는 훌륭한 도구가 될 수 있어요. 예를 들어, "어떤 독자를 대상으로 책을 쓸지" 고민될 때 챗GPT에게 물어보면 다양한 아이디어를 제시해줍니다. 그리고 이 아이디어들이 내가 글을 쓰는 방향을 결정짓는 중요한 힌트가 될 수 있습니다.

작가의 첫 독자는 누구일까?
"책을 쓸 때, 첫 번째 독자는 누구인가요?"라고 묻는다면, 답은 간단합니다. 바로 '나 자신'입니다. 작가는 글을 통해 자신의 목소리를 담아내는 사람입니다. 그러니 첫 번째 독자는 당연히 본인이 되어야 합니다. 내가 어떤 이야기를 하고 싶은지, 어떤 내용을 통해 누구에게 도움을 주고 싶은지를 고민하는 과정이 가장 먼저입니다.

이후, 작가로서 여러분의 이야기를 들어줄 두 번째 독자가 필요하겠죠. 이때는 너무 멀리 갈 필요 없이, 가족을 생각해 보세요. 아이의 입장에서 책을 쓴다면 부모님, 형제, 또는 가까운 친구들이 훌륭한 첫 독자가 될 수 있습니다. 예를 들어, 아이가 쓰는 일기를 바탕으로 '부모님을 설득하는 방법'을 주제로 책을 만들어보면 어떨까요? "핸드폰을 24시간 사용해도 괜찮은 이유"라는 제목의 책을 아이가 쓴다면, 부모님들은 자연스럽게 관심을 갖게 될 겁니다.

그렇다고 해서 여러분의 목표가 '내 가족만을 위한 책'에 그쳐야 하는 것은 아닙니다. 처음에는 10명, 100명을 타킷으로 시작해도 좋습니다. 이후 두 번째, 세 번째 책을 쓰다 보면, 점점 더 많은 독자들이 자연스럽게 따라오게 될 것입니다. 중요한 것은 누구를 위한 책인지 명확히 하고, 그들에게 다가갈 수 있는 이야기를 준비하는 것입니다.

● 작은 시작이 큰 성공을 만든다

첫 책을 쓸 때 꼭 '모두를 위한 책'을 만들어야 한다는 생각은 버리세요. 오히려 소규모 독자층을 공략하는 것이 더 효과적일 수 있습니다. 예를 들어, 특정 나이대의 아이들을 대상으로 하거나, 부모님들이 궁금해할 만한 주제를 중심으로 책을 써보는 것도 좋은 전략입니다. '핸드폰을 왜 24시간 사용해야 하는지'와 같은 주제는 부모님들에게는 당황스럽지만, 아이들이 실제로 많이 고민하는 문제이기도 하죠.

챗GPT를 활용하면 아이가 이러한 주제를 논리적으로 풀어내고, 그 이유들을 조리 있게 설명할 수 있습니다. 이 과정을 통해 아이는 독자들에게 강력한 설득력을 갖춘 글을 쓰게 되고, 부모님들도 자연스럽게 그 책을 읽어보게 될 것입니다. 이런 식으로 구체적인 독자층을 설정하고, 그들에게 직접 다가가는 책을 만들면, 첫 번째 책이 성공적인 출발을 할 가능성이 훨씬 커집니다.

아래는 챗GPT에서 아이의 주장을 검증할 자료들입니다.

* 내가 핸드폰을 24시간 사용해야 하는 이유

- **응급 상황 대비:** 핸드폰은 응급 상황이 발생했을 때 신속한 도움을 받을 수 있는 수단입니다. 긴급한 상황이 발생했을 때 긴급 연락처나 구조 기관에 연락할 수 있어 안전에 도움이 될 수 있습니다.

- **소셜 커뮤니케이션:** 현대 사회에서 핸드폰은 소셜 커뮤니케이션의 중심 역할을 합니다. 친구, 가족, 동료와 연락하고 소통하며 일상 생활에서 필요한 정보를 교환하는 데 필수적입니다.

- **업무 및 학습:** 많은 사람들이 핸드폰을 업무 및 학습 도구로 사용합니다. 이메일 확인, 문서 작성, 일정 관리 등과 같은 업무 및 학습 관련 작업을 수행하기 위해 24시간 핸드폰을 사용해야 할 수 있습니다.

- **엔터테인먼트:** 핸드폰은 음악, 동영상, 게임 등 다양한 형태의 엔터테인먼트를 즐기는 데 사용될 수 있습니다. 스트리밍 서비스를 통해 영화나 TV 프로그램을 시청하거나, 게임을 플레이하며 여가 시간을 보내는 데 활용될 수 있습니다.

- **정보 액세스:** 인터넷 브라우징, 검색 엔진, 뉴스 앱 등을 통해 다양한 정보를 액세스할 수 있습니다. 날씨, 주식 시세, 여행 정보 등 다양한 주제에 대한 정보를 신속하게 얻을 수 있습니다. 이러한 이유들로 핸드폰을 24시간 사용하는 것이 일상 생활에서 매우 편리하고 필요한 경우가 많습니다. 하지만 지나치게 사용하거나 중독적으로 사용하는 것은 건강에 해로울 수

있으므로 적절한 사용 시간을 유지하는 것이 중요합니다.

챗GPT가 논리적으로 풀어낸 이유 중 자세한 설명을 원할 때는 원하는 정보를 자세히 입력하면 보다 더 설득력을 갖춘 글이 완성됩니다.

* 내가 핸드폰을 학습도구로 사용한 좋은 예는

핸드폰이 학습 도구로 활용되는 다양한 방법이 있습니다. 몇 가지 좋은 예는 다음과 같습니다:

- 학습 앱: 핸드폰에는 다양한 학습 앱이 있습니다. 언어 학습, 수학, 과학, 역사 등의 주제에 대한 앱을 통해 자기주도적으로 학습할 수 있습니다. 이러한 앱은 학습 게임, 퀴즈, 플래시 카드, 상호작용적인 학습 모듈 등을 제공하여 학습 과정을 흥미롭게 만들어 줍니다.

- 전자책 리더: 핸드폰을 사용하여 전자책을 읽을 수 있습니다. 학습에 도움이 되는 교과서, 참고서, 문학 작품 등을 읽으면서 지식을 습득할 수 있습니다. 또한 전자책 리더 앱은 강조, 메모, 검색 기능 등을 제공하여 학습 활동을 보다 효율적으로 할 수 있습니다.

- 온라인 강의와 튜토리얼: 핸드폰을 통해 다양한 주제에 대한 온라인 강의와 튜토리얼을 수강할 수 있습니다. 유튜브, 강의 플랫폼, 온라인 교육 웹사이트 등을 활용하여 새로운 기술, 학문적 주제, 기술 스킬 등을 배울 수 있습니다.

- 노트 및 일정 관리: 핸드폰을 사용하여 노트를 작성하고 일정을 관리할 수 있습니다. 학습 목표, 과제 일정, 시험 일정 등을 기록하고 관리하여 학습 계획을 체계적으로 수립할 수 있습니다.

  - 온라인 검색: 핸드폰을 사용하여 인터넷을 검색하여 원하는 정보를 찾을 수 있습니다. 학습에 필요한 자료, 연구 자료, 참고 자료 등을 빠르게 얻을 수 있어 학습 효율을 높일 수 있습니다. 이러한 방법들을 통해 핸드폰은 학습을 보다 흥미롭고 효율적으로 할 수 있는 유용한 도구로 활용될 수 있습니다.

결국 중요한 것은 책을 통해 누구에게 어떤 이야기를 전달하고 싶은지, 그 목표를 명확히 설정하는 것입니다. 처음에는 적은 독자층으로 시작하더라도, 점차 더 많은 독자들에게 다가갈 수 있습니다. 그리고 이 과정에서 꾸준한 글쓰기 습관과 논리적인 사고력은 여러분과 아이가 더 좋은 작가로 성장할 수 있는 발판이 되어줄 것입니다.

이제 여러분과 여러분의 아이가 쓸 첫 책이 누구를 위해 쓰일지 고민해 보세요. 그리고 그 책이 어떤 사람들에게, 어떤 가치를 전달할 수 있을지 상상해 보세요. 이 상상은 45일의 여정을 통해 현실이 될 수 있습니다. 여러분의 아이가 처음으로 써 내려간 이야기가 누군가에게는 소중한 경험이 될 수 있고, 그 순간이 바로 '작가로서의 시작'이 될 것입니다.

Chart 5.
2달 안에 내 이름으로 출판하기

"책을 내고 싶어!"라는 꿈, 여러분도 한번쯤은 가져 보셨죠? 하지만 A4 용지 3~4장을 적고 나면 어느새 지치기 시작하고, "300페이지는 커녕 100페이지도 어렵겠어!"라는 생각이 머릿속을 스치고 지나갑니다. 매주, 한 달 집중하다 보면 아이디어는 쏙 들어가고, 열정은 흐트러지기 일쑤입니다. 목표는 흐릿해지고, 내용은 흔해 빠진 지식처럼 느껴지면서, 점점 결심은 무너집니다.

　그런 고비를 여러 번 겪고 나면 1년, 3년, 아니 10년이 지나도 여전히 같은 자리에서 고민하고 있는 자신을 발견하게 되죠. "작가는 나와 맞지 않나 봐." 책을 몇 권씩 펴내는 이들을 보면 "그들은 천재 같다, 나는 영원히 이 자리야."라는 생각이 드는 건 당연한 일입니다. 하지만 잠깐, 여러분! 그들의 인터뷰를 들어보면, 주제를 정하는 것이 어려워도 한 번 정하면 몇 달 안에 원고를 완성한다고 하더라고요. 저도 그 비법을 배워서 2달 안에 책을 완성하고, 전자책을 출판해 인터넷 서점에 올릴 수 있을 것 같습니다.

2달 안에 책을 완성하는 방법

저는 카페에서 단 15분 만에 차트 하나를 완성했습니다! 챗GPT의 도움으로 증명과 근거의 글을 첨부해 30분 안에 또 다른 차트를 만들었죠. 그 순간, "과연 45일 안에 책을 출판할 수 있을까?" 하는 기대감이 샘솟았습니다.

책을 45일 안에 출판하는 건 마치 초능력을 사용하는 것처럼 들리지만, 사실 몇 가지 전략만 있으면 가능합니다.

1. 첫걸음 떼기: 출판을 결심하다

작가가 되기로 마음먹는 순간, 어디서부터 시작할지 막막할 수 있습니다. 여기서 챗GPT는 나의 아이디어를 정리하고 목표를 명확히 할 수 있도록 도와줍니다. 이 과정에서 내가 어떤 이야기를 하고 싶은지, 어떤 방식으로 표현할지를 차근차근 구체화해 나갈 수 있습니다.

2. 뼈대 세우기: 나만의 책 구조 만들기

작가는 책의 뼈대를 잡아야 합니다. 챗GPT는 주제를 더욱 깊이 있게 분석하고, 독자에게 가장 효과적으로 전달할 수 있는 책의 흐름을 제안해 줍니다.

목차를 구성하고 차트별 핵심 내용을 잡아보며, 책의 기초를 세워보는 것입니다.

3. 글쓰기 시작: 챗GPT와 함께 차트별 내용 정리하기

이제 본격적으로 글을 쓰기 시작할 차례입니다. 챗GPT는 내가 떠올린 아이디어들을 논리적으로 구성하고, 세부 내용을 정리하며 챕터마다 자연스럽게 연결되도록 돕습니다. 글쓰기가 막히거나 좋은 문장이 떠오르지 않을 때도 챗GPT는 끊임없이 아이디어를 제공해줍니다.

4. 표현 다듬기: 자연스럽고 세련된 문장 만들기

책의 매력은 자연스러운 문장과 세련된 표현에 있습니다. 챗GPT는 거친 문장이나 어색한 표현을 매끄럽게 다듬어 주고, 내가 원하는 톤과 스타일을 유지하면서 글을 발전시킬 수 있도록 도와줍니다. 독자들에게 편안하게 다가가는 문장을 만들어 가는 데 큰 도움이 됩니다.

5. 편집과 구성: 완성된 글을 더 깔끔하게 정리하기

글을 다 쓴 후에는 전체적인 흐름과 구성을 검토하는 단계가 필요합니다. 챗GPT는 문단의 배치와 주제 간의 연결성을 점검하고 필요한 부분은 추가하거나 수정하도록 제안합니다. 이렇게 챗GPT와 함께 내용을 정리하면서 최종적인 책의 구성을 완성해 갑니다.

6. 출판 준비: 표지 디자인과 출판 절차

책의 표지를 디자인하고, 출판 절차를 밟는 과정도 중요한 단계입니다. 챗GPT는 표지 아이디어를 제공하고 디자인의 방향성을 제안하는 한편, 출판 과정에서 유의할 점과 단계별 절차를 안내합니다. 챗GPT와 함께라면 출판 준비도 한결 수월해질 것입니다.

7. 세상에 나를 알리다: 책 출간 후 홍보 전략 세우기

책이 완성되었다면 이제 세상에 알릴 차례입니다. 챗GPT는 소셜 미디어와 블로그 글, 소개 문구 작성에 도움을 주며 효과적인 홍보 전략을 함께 구상합니다. 나의 첫 책이 독자들에게 전해지는 과정을 기대하며, 챗GPT와 함께 마지막까지 최선을 다해봅니다.

8. 두 달의 여정: 나만의 책을 만든 의미

책을 쓰기로 결심하고 두 달 동안 걸어온 과정을 되돌아봅니다. 챗GPT의 조력 덕분에 가능한 일이었기에, 내가 만든 책의 의미는 더욱 크고 특별하게 다가옵니다

두 달 만에 작가가 되는 꿈, 이제는 현실이 됩니다. 챗GPT와 함께라면 누구나 글을 쓰고, 세상에 자신만의 이야기를 전할 수 있습니다. 창작의 과정은 어렵지만, 그 어려움을 함께 나누는 챗GPT가 있기에 가능한 일입니다. 이제 여러분도 작가로서 첫발을 내디딜 준비가 되었습니다.

두 달 후, 책을 손에 쥐고 있는 당신을 상상해 보세요.

Chart 6.
글쓰기 하루 1시간이면 충분한 이유

인간의 뇌는 생각만큼 논리적이지도, 지속적으로 집중하지도 못합니다. 게으른 뇌를 훈련하고 어떤 일이든 오래 지속할 수 있는 방법은 뇌에 부담을 주지 않는 데 있습니다. 뇌는 부담을 느끼는 순간, 항상성을 유지하려는 본능 때문에 온갖 핑계를 만들어내며 그 일을 피하려고 합니다.

하지만 짧은 시간 안에 글을 쓰게 되면 도파민이 분비되어 뇌가 그 도파민을 쫓게 됩니다. 결국 도파민 허기를 느끼며, 더 많은 글쓰기를 하고 싶어 하게 됩니다. 그래서 우리는 하루에 차트 하나를 쓰고, 나머지 시간에는 마음대로 놀아도 좋다는 보상을 주면 뇌의 도파민 수치가 상승 합니다.

이러한 훈련은 초등학교 4학년 학생에게도 충분히 적용할 수 있습니다. 아이가 차트를 하나 작성하고 엄마의 도움으로 글쓰기를 마친다면, 남은 시간은 굳이 학원에 가지 않고 하고 싶은 것을 하면서도 충분히 재미있게 보낼 수 있습니다. 여기에 엄마가 요리나 디저트를 제공해 주면 아이와 보내는 시간이 정말 좋은 추억이 될 것입니다.

대학생의 경우, 논문을 45일에 안에 끝내고 나머지 45일 동안 자유롭게 지낼 수 있다면 이보다 더 효율적인 시간 배분이 어디 있을까요?

만약 글쓰기 시간을 하루 1시간 이내로 제한한다면, 아침 6시에 일어나거나 학교가 끝난 후, 혹은 집에 와서 간식을 먹으면서 할 수도 있습니다. 글을 쓴 후에 자유를 준다면 해볼 만하지 않을까요? 방학 동안 책 한 권을 완성하는 성과는 어떠한가요?

이 책의 방법을 따르면 방학 기간에 충분히 논문 한 편, 책 한 권을 편하게 즐기면서 낼 수 있습니다. 이 얼마나 흥분되는 일인가요? 저는 설 연휴 동안 2일을 놀면서도 차트 2개를 1시간 안에 작성했습니다. 3일 동안 차트 2개를 1시간 만에 쓸 수 있다면, 충분히 참을 만한 목표 아닐까요?

챗GPT의 논리적인 주장

뇌의 효율적인 작동 시간은?

여기에서 중요한 것은 뇌의 효율적인 작동 시간은 개인에 따라 다르다는 점입니다. 일반적으로 사람들은 자신에게 가장 적합한 시간대가 있습니다. 어떤 사람들은 아침에 가장 집중력이 높고, 어떤 사람들은 저녁이나 밤에 더 생산적입니다. 개인의 생활양식, 체질, 습관 등 여러 요소가 영향을 미치기 때문에, 자신의 몸과 뇌의 신호를 잘 듣고 개인에게 가장 효과적인 작업 시간을 찾는 것이 중요합니다.

집중력 유지와 휴식의 중요성

사람들은 대개 20분에서 2시간 사이에 집중력을 유지할 수 있습니다. 그래서 이 후에는 반드시 휴식을 취해야 뇌가 회복될 수 있습니다. 효과적인 휴식 방법으로는:

- **신체 운동:** 5분간 일어나서 간단한 스트레칭이나 짧은 산책을 해보세요.

- **눈을 감고 명상하기:** 5분 정도 명상하며 마음을 가라앉히세요.

- **물 마시기:** 수분을 보충하는 것은 뇌 기능에 매우 중요합니다.

- **자연 접하기:** 잠시 밖으로 나가 신선한 공기를 마시는 것도 좋은 방법입니다.

이런 휴식 방법들을 통해 뇌를 효과적으로 회복시키고, 새로운 작업에 다시 집중할 준비를 할 수 있습니다.

20-20-20 방법으로 더 효과적인 글쓰기!

20분마다 집중하고, 그 후에 짧은 휴식을 취하는 20-20-20 방법도 매우 유용합니다. 이 방법을 활용하면 하루에 차트 2개는 가뿐히 작성할 수 있습니다. 예를 들어, 컴퓨터를 사용하면서 20분마다 20초간 먼 곳을 바라보는 것이나, 간단한 스트레칭을 하는것입니다.

이제 아이와 함께 쉽게 도전해보세요! 챗GPT를 활용하면 논리적인 주장과 전개를 구성하고, 글쓰기와 책 읽기를 동시에 즐길 수 있습니다. 여러분도 멋진 작가로 나아갈 수 있는 기회를 놓치지 마세요!

Chart 7.

코로나 시대, 글쓰기로 세상과 소통하는법

코로나 19 팬데믹은 우리의 일상에 많은 변화를 가져왔습니다. 특히, 비대면 소통의 필요성이 급격히 커지면서, 자신의 생각과 의견을 글로 표현하는 능력이 더욱 중요해졌죠. 이제 많은 스타트업 기업들은 면접에서 지원자의 글쓰기 능력을 중요한 기준으로 삼고 있습니다. 과거에는 필수적이지 않았던 글쓰기가 이제는 선택이 아닌 필수라는 점을 아이들에게 알려주는 것이 중요합니다.

글쓰기는 단순히 문자를 나열하는 것이 아닙니다. 자신의 생각을 얼마나 논리적이고 과학적으로 전달하느냐가 인재로서의 경쟁력을 좌우하게 되었어요. 예를 들어, 바나나와 바다라는 두 단어를 논리적으로 연관 짓는 과정을 생각해볼까요? 겉보기에는 이 두 단어 사이에 직접적인 연관이 없어 보이지만, 열대 지방에서 자생하는 바나나와 해변가의 바다는 충분히 연결될 수 있습니다. 바나나 보트 같은 개념을 통해 상상력을 발휘하면, 이 두 단어는 더욱 긴밀하게 연관될 수 있습니다.

엄마가 수제 햄버거를 만들고 있는 상황을 떠올려 보세요.

엄마의 수제 햄버거와 미술 사이에 직접적인 논리적 관계는 없지만, 다양한 관점에서 그 연관성을 찾아볼 수 있습니다.

1. 창의성과 예술적 표현: 엄마의 수제 햄버거는 엄마가 지닌 창의성과 요리 기술을 나타낼 수 있습니다. 이와 마찬가지로, 미술은 예술가의 창의성과 표현력을 보여줍니다. 두 가지는 모두 예술적인 표현을 통해 창의성과 개성을 발휘할 수 있는 영역입니다.

2. 재료와 조합: 수제 햄버거를 만들 때 사용되는 다양한 재료와 조합은 미술에서 색채, 질감, 형태 등을 다루는 것과 유사할 수 있습니다. 두 가지 모두 재료를 조합하여 무언가를 창조하는 과정을 포함합니다.

3. 문화적 의미: 음식과 미술은 모두 문화적인 의미를 담고 있을 수 있습니다. 햄버거는 서구 문화에서 일상적으로 소비되는 음식 중 하나이고, 미술은 각 문화에서 그들의 가치와 이상을 반영할 수 있습니다. 그래서 이 두 가지는 문화적인 맥락에서 연결될 수 있습니다.

4. 창조적 프로세스: 엄마가 수제 햄버거를 만드는 과정과 미술가가 작품을 만드는 과정은 모두 창조적인 과정을 포함합니다. 재료를 선택

하고 조합하며, 그것을 창조적으로 표현하는 과정에서 유사성을 찾을 수 있습니다.

따라서 이러한 관점에서 볼 때, 엄마의 수제 햄버거와 미술 사이에는 창의성, 재료의 활용, 문화적 의미, 창조적 프로세스 등의 관계가 있을 수 있습니다. 이렇게 아이가 집에 돌아왔을 때나 야외 공원에서 컵라면을 먹으며 떠올린 이야기들을 담아 책 제목을 '나의 일상 생활'이라고 정하면 엄마와 아이가 함께하는 45일간의 여정을 시작할 수 있습니다. 이 책은 학부모들에게 자녀 교육에 대한 유용한 해답을 제공할 뿐만 아니라, 일기나 글쓰기를 위한 영감으로도 활용될 수 있습니다.

하버드 학생들에게 대학 생활 동안 가장 좋았던 수업이 무엇인지를 물었을 때, 많은 이들이 글쓰기 수업이라고 답하곤 합니다. 글쓰기는 자연스럽게 독서와 연결되어 있습니다. 아이가 책 읽기에 대한 흥미를 느낀다면, 동네 도서관에 가서 가벼운 책을 읽으며 영감을 얻을 수 있습니다. 이렇게 책을 읽고 글을 쓰는 과정은 지식 습득의 기초가 되고, 궁극적으로 자신의 생각을 자연스럽게 표현하는데 도움이 됩니다.

자신의 지식을 글로 표현하는 것은 소통의 핵심입니다. 아이가 글을 쓸 때는 시작, 중간, 끝이 명확하게 연결되도록 논리적인 구조를 갖추는 것이 중요합니다. 그리고 주장을 뒷받침하는 근거를 제시하는 과정 역시, 비판적 사고와 논증 능력을 발전시키는 데 기여합니다.

5. 논리적 구성: 글을 작성할 때, 논리적으로 생각하고 이를 구성하는 것이 중요합니다. 글은 시작, 중간, 끝으로 구성되며, 각 부분은 서로 의미 있는 방식으로 연결되어야 합니다. 논리적 사고는 글을 일관되고 효과적으로 구성하는 데 도움이 됩니다.

6. 주장과 근거: 글을 작성할 때 주장을 제시하고 그것을 뒷받침하는 근거를 제시해야 합니다. 논리적 사고는 주장과 그에 대한 근거를 탄탄하게 연결하는 데 도움이 됩니다. 또한 부정할 수 있는 반론을 고려하고 대비하여 주장을 강화하는 데 도움이 됩니다.

7. 논증과 비판적 사고: 글쓰기는 논증과 비판적 사고를 요구합니다. 논리적 사고는 주어진 정보나 주장을 분석하고 그의 타당성을 판단하는 데 도움이 됩니다. 이는 글을 통해 전달되는 정보의 신뢰성과 타당성을 평가하는 데 중요합니다.

8. 문장 구조와 흐름: 논리적 사고는 문장의 구조와 흐름을 개선하는 데 도움이 됩니다. 의미 있는 문장 구조를 만들고 문장 간의 논리적인 연결을 유지함으로써 글의 가독성과 효과를 향상시킬 수 있습니다. 따라서 논리적 사고는 글쓰기의 핵심 요소 중 하나이며, 논리적 사고 능력이 향상되면 효과적인 글쓰기가 가능해집니다.

결국, 글쓰기는 의사소통의 가장 기본적인 도구로 자리 잡고 있으며, 그 과정에서 아이들은 자신의 생각을 명확히 전달하는 법을 배우게 됩니다. 이를 통해 아이들은 사회의 일원으로서 효과적으로 소통하고, 자신만의 목소리를 내는 데 필요한 능력을 기를 수 있을 것입니다.

챗GPT를 활용하여 글쓰기로 세상과 소통하는 법

우리가 사는 세상은 정보를 주고 받는 방식이 급격하게 변화하고 있습니다. 특히 코로나19 이후 비대면 소통의 필요성이 커지면서, 글쓰기는 더 이상 선택이 아닌 필수로 자리 잡았습니다. 이러한 시대에 챗GPT와 같은 AI 도구를 활용하면, 글쓰기 능력을 향상시키고 세상과 효과적으로 소통할 수 있습니다.

1. 목적 명시: 글을 작성하기 전에 명확한 목적을 설정하고 독자에게 목적을 알리는 것이 중요합니다. 의사 소통의 목적을 분명히 하면 독자가 글을 더 잘 이해하고 그 의도를 파악할 수 있습니다.

2. 독자 취향 고려: 글을 작성할 때 독자의 수준과 관심사를 고려하는 것이 중요합니다. 의사 소통은 독자와의 상호작용에서 시작되므로, 독자의 수준과 요구에 맞춰 내용을 선택하고 전달하는 것이 중요합니다.

3. 명확한 표현: 의사 소통을 위해 명확하고 간결한 문장을 사용하는 것이 중요합니다. 모호한 용어나 문맥에서의 오해를 줄이기 위해 정확한 단어를 선택하고 명확한 문장 구조를 유지해야 합니다.

4. 문서 구조화: 글을 구조화하여 내용을 분명하게 전달하는 것이 중요합니다. 목차, 단락 구분, 번호 매기기 등을 통해 글의 구조를 명확히 하고 독자가 정보를 쉽게 찾을 수 있도록 돕습니다.

5. 비판적 사고와 논리: 글을 작성할 때 비판적 사고를 통해 자신의 주장을 검증하고 논리적인 근거를 제시하는 것이 중요합니다. 의사 소통은 주장과 근거를 통해 이루어지며, 이를 통해 독자에게 설득력 있는 정보를 제공할 수 있습니다.

6. 적절한 언어 사용: 의사 소통은 독자와의 상호작용이므로 적절한 언어를 사용하는 것이 중요합니다. 전문 용어나 기술 용어를 사용할 때는 독자가 이를 이해할 수 있도록 설명을 추가하는 것이 좋습니다.

이러한 원칙을 준수하여 글을 작성하면 의사 소통 능력을 향상시킬 수 있습니다.

Chart 8.
책 읽기 강요는 그만, 창의력을 키워보자

 아이가 처음 글을 쓰려고 할 때, 논리적이고 체계적인 사고를 요구하는 것은 과한 기대일 수 있습니다. "왜 이렇게 정리하지 못해?"라는 부담을 주기보다는, 아이가 자연스럽게 글쓰기를 즐길 수 있도록 도와주는 것이 중요합니다. 글쓰기의 출발은 비판적이지 않은 간단한 관찰에서 시작하는 것이 좋습니다.

아이들은 일상에서 일어나는 일을 매우 간결하게 요약하는 능력이 뛰어납니다. 하루 일과를 쓰라고 하면 "오늘 학교에 가고, 숙제하고, 재미있게 놀았다."처럼 간단하게 표현할 수 있죠. 하지만 100페이지 분량의 글을 요구한다면? "밥이 맛있었다." 정도로 끝날 수 있습니다. 그러니 아이에게 쓰기를 요구할 때는 간단한 관찰에서부터 시작하는 것이 좋습니다.

예를 들어, 아이에게 식사 상황을 구체적으로 묘사해 보라고 해보세요. "엄마가 밥을 먹으라고 해서 숟가락을 들었다. 숟가락에 밥이 2/3 정도 담겼다. 그때, 엄마가 방귀를 낀 것 같은 의자의 소리가 났다." 이렇게 생생한 상황을 적어보게 하면서 아이는 점차 자신만의 이야기를 만들어갈 수 있습니다.

챗GPT와 함께하는 글쓰기 재료

아이들이 글을 쓰도록 도와주기 위해 챗GPT를 활용하면 훨씬 더 재미있고 창의적인 경험을 할 수 있습니다. 아래는 아이들이 즐길 수 있는 글쓰기 재료와 챗GPT 활용 방법입니다.

1. 그림책: 챗GPT에 특정 그림책을 입력하고, 이야기를 요약하거나 확장하는 활동을 해보세요. "이 책의 주인공이 다음에 어떤 모험을 할까요?"라는 질문으로 이야기를 이어갈 수 있습니다.

2. 창의적인 글쓰기 도구 사용하기

스토리 카드를 이용한 글쓰기 놀이도 재밌는 방법입니다. 카드를 뽑아 나온 단어와 관련된 이야기를 써보는 건데요, 예를 들어 "공주와 용", "눈 오는 날", "마법의 숲" 같은 카드가 있다면, 아이는 이를 토대로 나만의 특별한 이야기를 만들어낼 수 있어요. 마치 게임처럼 느껴져 글쓰기가 부담이 아닌 재미로 다가오겠죠?

3. 주사위를 던져 나온 소재로 이야기 만들기

이야기 주사위를 굴려서 나온 주제나 캐릭터, 장소를 조합해 이야기를 짓는 것도 한 방법이에요. 예를 들어, 주사위에 '학교', '비밀 친구', '고양이'가 나왔다면 "학교에서 비밀 친구를 발견한 고양이"에 대한 이야기를 만들어가는 식으로, 평소에 떠올리지 못했던 다양한 설정의 글을 써볼 수 있어요.

4. 가족과 함께하는 글쓰기 시간

글쓰기를 놀이처럼 하려면 가족이 함께 참여하는 것도 좋아요. 하루의 일상을 짧게 요약해서 쓰거나, 각자의 일상을 바꿔서 적어보는 거예요. "아빠가 오늘 학교에 갔고, 나는 회사에 갔다" 처럼 말이죠! 이렇게 함께 글을 쓰며 상상력을 나누다 보면 글쓰기에 대한 부담감도 줄어들고, 즐거운 시간도 함께 보낼 수 있습니다.

5. 체험을 바탕으로 한 이야기 작성: 아이에게 가장 재밌는 건 실생활에서의 경험을 바탕으로 이야기를 만들어가는 거예요. 예를 들어, 주말에 동물원이나 공원에 가서 본 동물이나 식물들에 대해 글을 쓰는 건데요, 그냥 보는 것에서 끝나지 않고 이를 글로 남기는 것 자체가 새로운 경험이 됩니다. 가족여행을 다녀와서 여행기를 쓰는 것도 좋고요, 마치 아이가 한 편의 영화나 소설을 완성하는 기분이 들 겁니다.

6. 책 속 대화도 글쓰기 재료로 활용하기

도서관에 가서 새로운 책을 골라보는 것도 추천해요. 책 속 인물들의 대화를 따라 적어보거나, 그 대화를 다른 상황으로 바꾸어 보는 연습을 해보는 거예요. 예를 들어, "주인공이 바다에서 친구를 만나는 장면을 산에서 만나는 걸로 바꾼다면?" 하고 새로운 장면을 상상하면서 적어보는 거죠. 아이의 상상력이 풍부해지고, 자연스럽게 글쓰기 실력이 느는 걸 느낄 수 있을 겁니다.

아이의 글쓰기 여정은 즐거운 탐험이 되어야 합니다. 글은 대화를 대신할 수 있는 멋진 도구이자 창의력의 발판입니다. 아이에게 그저 글쓰기의 재미를 알려주기만 해도 아이는 자연스럽게 자신의 생각을 글로 표현하게 될 거예요. 엄마와 아이가 함께 글을 쓰며 서로를 더 잘 이해하고, 또 소중한 시간을 만들어 갈 수 있을 것입니다.

Chart 9.

4학년부터 작가 도전? 너무 이른 거 아니냐고요?

어린 초등학생들이 왜 책을 쓰기 시작하면 좋을까요? 사실, 하버드대 연구에서는 글쓰기가 표현의 한 방식이며, 어릴수록 즉, 유치원 시기부터 시작하면 좋다고 강조합니다. 글쓰기는 단지 언어를 쓰는 것이 아니라, 사고력과 표현력을 기르는 과정입니다. 특히 초등학교 저학년 시기에 글쓰기를 시작하면, 아이들이 자신만의 목소리로 세상과 소통하는 법을 자연스럽게 익힐 수 있어요.

이 분야에서 다양한 연구가 진행되어왔고 아이들의 글쓰기 능력 향상과 관련된 다양한 요소들이 연구되고 있습니다. 여기서는 몇 가지 대표적인 연구 논문을 소개합니다.

1. The Effects of Early Writing Development: A Meta-Analysis of Studies (초기 글쓰기 발달의 효과: 연구 메타 분석)

- **개요**: 이 논문은 초기 글쓰기 교육이 아이들의 언어 발달과 학습 성과에 어떤 영향을 미치는지를 여러 연구 결과를 종합해 분석했습니다.

- **주요 결과**: 초기 글쓰기가 언어 능력과 학업 성취에 긍정적인 영향을 미친다는 것이 밝혀졌습니다. 특히, 조기에 글쓰기를 시작한 아이들이 보다 나은 언어 표현과 어휘력을 갖추고 학업 성취도 또한 높았습니다.

- **의미**: 이는 조기 글쓰기 경험이 아이들의 기본적인 언어 능력과 학습 동기를 동시에 높이는 효과를 지닌다는 점을 강조합니다.

2. The Impact of Early Writing Development on Literacy Achievement (초기 글쓰기 발달이 문해력 성취에 미치는 영향)

- **개요**: 이 연구는 초기 글쓰기 교육이 문해력, 즉 읽고 이해하는 능력에 미치는 영향을 다루고 있습니다.

- **주요 결과**: 글쓰기 능력이 어린 시절부터 발달할수록 문해력 또한 향상되는 것으로 나타났습니다. 특히 초등학교 저학년 때 글쓰기를 시작한 아이들이 이후 읽기와 쓰기 능력에서 큰 성장을 보였습니다.

- **의미**: 문해력 향상은 아이들이 학습 자료를 보다 효율적으로 소화하고 학업 성과에 있어 전반적인 개선을 보이는 데 중요한 역할을 합니다.

3. The Role of Early Writing Experiences in Promoting Literacy Development (문해력 발달을 촉진하는 초기 글쓰기 경험의 역할)

- **개요**: 이 논문은 초기 글쓰기 경험이 어린이들의 문해력, 즉 문자와 글자 이해 능력 발달에 어떤 역할을 하는지 연구했습니다.

- **주요 결과**: 조기 글쓰기 경험은 단순히 글을 쓰는 기술뿐만 아니라 언어적 의사소통 능력과 창의적 사고력까지도 증진시킨다는 결론이 나왔습니다.

- **의미**: 언어적 의사소통과 글쓰기 능력은 사회적 상호작용에도 중요한 영향을 미치며, 이러한 상호작용을 통해 아이들은 자기 표현을 더 자연스럽게 발전시킬 수 있습니다.

> ### 4. Longitudinal Effects of Early Writing Instruction on Literacy Outcomes at the End of Elementary School (초기 글쓰기 교육의 종단적 효과: 초등학교 말기 문해력 결과에 대한 장기적 효과)
>
> - **개요:** 이 연구는 초등학교 저학년에서 시작한 글쓰기 교육이 고학년에 이르렀을 때까지 문해력에 어떤 장기적인 영향을 미치는지를 다루고 있습니다.
>
> - **주요 결과:** 조기 글쓰기 교육을 받은 아이들은 학년이 올라가면서도 꾸준히 우수한 문해력을 보였으며, 글쓰기와 읽기 능력이 지속해서 발전하는 모습을 보였습니다.
>
> - **의미:** 초기 글쓰기 교육은 일시적인 효과에 그치지 않고, 아이들이 고학년이 될 때까지 꾸준히 언어 능력을 강화해주는 장기적인 효과를 지닌다는 점이 확인되었습니다.

이 논문들은 모두 조기 글쓰기 교육이 언어 발달과 학업 성취에 미치는 긍정적인 영향을 뒷받침합니다. 이러한 연구들은 글쓰기가 단순한 과제가 아니라 아이들의 전반적인 사고력, 표현력, 언어 능력 향상을 촉진하는 핵심 요소임을 알려줍니다.

글쓰기와 뇌 발달 간의 연구에 대한 논문은 광범위한 주제이며 다양한 학제에서 다루어지고 있습니다. 여기에는 신경과학, 교육심리학, 언어학, 발달심리학 등이 포함됩니다. 이러한 논문들은 주로 아래와 같은 주제들을 다루고 있습니다

챗GPT가 알려주는 글쓰기 교육과 뇌 발달에 관한 주요 연구 주제

1. 글쓰기 교육과 뇌 발달의 변화

- **주제:** 글쓰기 교육이 아동 및 청소년의 뇌 구조와 기능에 미치는 영향.
- **내용:** 글쓰기 능력이 발달하는 과정에서 뇌의 특정 영역이 활성화되거나 변화하는 것을 집중적으로 연구합니다.
- **의미:** 조기 글쓰기 교육이 뇌의 인지적 능력 뿐만 아니라, 구조적 발달에도 중요한 역할을 한다는 점을 시사합니다.

2. 언어처리와 글쓰기의 상호작용

- **주제:** 언어 이해, 어휘 습득, 문법 능력이 글쓰기 발달에 미치는 영향.
- **내용:** 글을 쓰기 위해 필요한 언어적 능력들이 글쓰기 향상에 어떻게 기여하는지를 연구합니다.
- **의미:** 글쓰기 능력은 단순히 쓰기 자체의 기술이 아니라, 언어적 처리 능력과 밀접하게 연관되어 발전합니다.

3. 글쓰기의 질적인 측면 연구

- **주제:** 창의성, 상상력, 표현력 등과 같은 글쓰기의 질적 요소.
- **내용:** 창의적 사고와 자기표현 능력이 글쓰기 과정에서 어떻게 발달하는지에 대한 연구입니다.
- **의미:** 글쓰기를 통해 아이들은 단순히 문장을 만드는 것을 넘어, 자신의 감정과 생각을 독창적으로 표현할 수 있는 능력을 키웁니다.

4. 신경학적 장애와 글쓰기 능력

- **주제:** 뇌 손상, 발달 장애, 자폐 스펙트럼 장애가 있는 아이들의 글쓰기 발달.
- **내용:** 이러한 장애를 가진 아이들이 글쓰기를 통해 언어와 의사소통 능력을 향상할 수 있는지 연구합니다.
- **의미:** 신경 발달 장애가 있는 아이들에게 글쓰기 교육이 어떤 도움을 줄 수 있는지 이해하는 데 중요한 자료를 제공합니다.

이처럼 글쓰기는 빠르면 빠를수록 아이의 뇌 발달과 논리적 사고 형성에 많은 영향을 미칩니다. 따라서 최대한 빨리 시작하는 것이 아이와 부모 모두에게 좋습니다.

Chart 10.

○○작가님, 아이에게 멋진 별명을 붙여라!

코로나 19 팬데믹을 지나면서 자신을 표현하는 방법으로 글쓰기가 더욱 중요해졌습니다. 이제 SNS, 블로그, 유튜브까지 여러 플랫폼을 통해 많은 사람들이 글과 영상으로 자신의 생각과 감정을 표출하고 있습니다. 이로 인해 요즘은 "개나 소나 작가다"라는 농담이 나오기도 하지만, 사실 이것은 글쓰기가 일상으로 자리 잡았다는 의미입니다.

오늘날, 카카오톡이나 인스타그램 등 SNS를 통해 우리는 집에서도, 가족과 함께 있을 때조차도 소통의 많은 부분을 글과 이미지로 나누며 삶을 공유합니다. 글쓰기와 사진, 영상 표현을 통해 서로 감정과 생각을 전달하는 것이 자연스러워졌고, 누구든지 자신만의 창의적인 글을 쓸 수 있는 시대가 되었습니다.

SNS를 통한 글쓰기 표현 방법

SNS에서 논리적이면서도 흥미로운 글을 작성하려면 몇 가지 방법을 활용할 수 있습니다.

1. 명확하고 간결하게 표현하기: 짧고 간결한 문장이 SNS에서 이해하기 쉽습니다.

2. 개인적인 관점 추가하기: 개인적인 경험과 생각을 담아야 독자들과 더 큰 공감대를 형성할 수 있습니다.

3. 감정적으로 연결하기: 자신의 감정을 솔직하게 표현하면 독자들과의 감정적인 연결을 더 강화할 수 있습니다.

4. 예시와 이야기 활용하기: 생각을 전달할 때는 예시나 이야기를 활용하면 독자들이 더 쉽게 이해할 수 있습니다. 구체적인 사례를 들어가며 생각을 뒷받침하세요.

5. 상호작용하기: SNS는 상호작용이 중요한 플랫폼입니다. 다른 사용자들의 의견에 대답하거나 댓글로 소통하는 등 활발하게 참여하세요.

6. 시각적 자료 활용하기: 이미지나 동영상 등을 추가하여 글의 매력은 높이고 시각적인 흥미를 줄 수 있습니다.

7. 정기적인 업데이트: 꾸준히 생각을 공유하고 업데이트함으로써 팔로워들과 관심을 유지하는 것이 좋습니다.

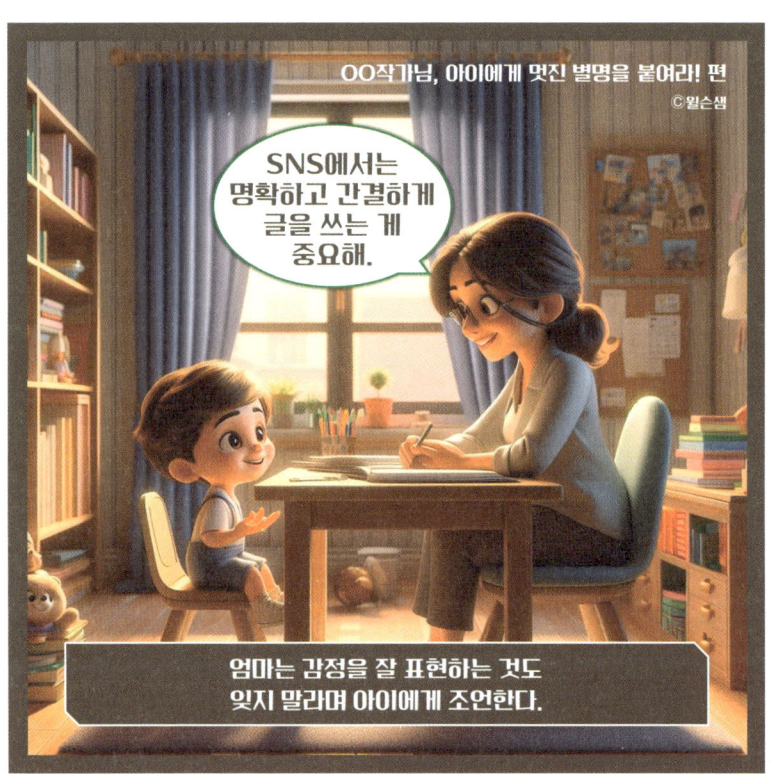

SNS에서 논리적인 글쓰기 팁

1. **간결함과 명확함**: SNS에서는 짧은 주제를 다뤄야 하므로 글이 간결하고 명확해야 합니다. 복잡한 아이디어를 단순하게 표현하는 것이 중요합니다.

2. **중심 주제 강조**: 글의 시작에서 중심 주제나 주요 주장을 분명하게 제시해야 합니다. 이것이 독자의 관심을 끌고 논리적 흐름을 구성하는 데 도움이 됩니다.

3. **구조화된 흐름**: 글을 구조화 하여 논리적인 흐름을 갖추는 것이 중요합니다. 이를 위해 문단을 사용하여 각각의 아이디어를 분리하고, 이를 서로 관련시켜야 합니다.

4. **증거와 사실 제시**: 주장이나 주제를 뒷받침하는 증거와 사실을 제시해야 합니다. 이는 독자들에게 신뢰를 줄 수 있고, 논리를 강화할 수 있습니다.

5. **대화 형식 유도**: SNS는 상호작용이 중요한 플랫폼입니다. 따라서 글을 작성할 때 독자와의 대화를 유도하는 방식으로 작성하는 것이 유익합니다. 질문을 제기하거나 응답을 유도하여 더 많은 상호작용을 유도할 수 있습니다.

6. **객체화**: 글에는 가능한 객체화 된 내용이 포함되어야 합니다. 이는 이미지, 동영상 또는 링크와 같은 것들을 말합니다. 이러한 객체들은 글의 내용을 보충하고 더 많은 정보를 제공할 수 있습니다.

7. **공감과 호소**: 독자의 감정에 공감하고 호소하는 방식으로 글을 작성하는 것도 중요합니다. 이는 독자와의 감정적 연결을 도모하고 글의 공유와 상호작용을 증진시킬 수 있습니다.

8. **검토와 수정**: 글을 작성한 후에는 항상 검토하고 수정하는 것이 좋습니다. 오타나 문법 오류를 수정하고, 논리적 일관성을 유지하는 데 도움이 됩니다.

이러한 전략을 통해 SNS에서도 논리적이면서 감성적인 글쓰기가 가능합니다. SNS를 활용하여 글을 쓰다 보면 자연스럽게 논리적인 글쓰기와 사고 표현이 형성되며, 자신의 논리적 사고 능력을 키우는 데 큰 도움이 됩니다.

작가로서의 시작이 가져오는 변화와 이점

아이에게 '작가'라는 호칭을 붙이는 것은 그저 재미있는 별명을 지어주는 것을 넘어, 아이의 논리적 사고와 문제 해결 능력, 창의적 표현 능력을 기르기 위한 방법이 됩니다. 작가라는 이름으로 글을 쓰기 시작하는 것은 자신을 돌아보고 세상을 이해하는 중요한 첫걸음이며, 앞으로 사회가 요구하는 창의적 문제 해결 능력의 기초를 쌓게 되는 계기가 됩니다.

작가는 언제나 현재 진행형입니다. '전' 작가라는 표현은 없듯이, 늘 새로운 글과 생각을 발전시키며 세상을 바라보고 표현하는 연습을 통해 아이는 점점 더 풍부하고 깊이 있는 사고력을 기르게 될 것입니다.

Chart 11.

논리력 쑥쑥! 하버드식 사고로 사고력 키우기!

글쓰기는, 그저 단순한 표현의 도구가 아니라 논리력과 사고력을 함께 키워주는 강력한 훈련법입니다. 특히 하버드 졸업생들과의 인터뷰와 연구에 따르면, 어린 시절부터 글쓰기를 통해 사고력을 길러주는 것이 아

이의 성장을 위한 강력한 발판이 될 수 있다고 합니다. 하버드 대학생들은 전 세계 최고 수준의 글쓰기 능력을 갖춘 것으로 유명합니다. 이는 단순히 공부만 잘해서가 아니라, 대학이 제공하는 다양한 글쓰기 리소스와 체계적인 훈련 덕분입니다.

하버드에서는 학생들에게 학문적인 우수성만을 요구하는 것이 아니라, 뛰어난 글쓰기 능력을 갖추도록 모든 지원을 아끼지 않습니다. 강의와 토론, 피드백 과정에서 학생들은 논리적 사고와 표현력을 함께 연마하며, 자신의 생각을 효과적으로 전달하는 능력을 기르게 됩니다.

하버드 학생들의 글쓰기 비결, 무엇이 다를까?

1. 교육과 경험이 만든 기본기

하버드 학생들은 고난도 논문 작성, 토론 참여, 연구 프로젝트 등을 통해 글쓰기 훈련을 받습니다. 이는 단순히 글을 쓰는 법을 넘어, 글로서 사고를 전개하고 논리를 펼쳐 나가는 기술을 기르게 합니다. 이 과정을 거치면서 학생들은 생각하는 힘을 키워가며, 글을 통해 지식을 체계적으로 정리하는 방법을 터득합니다.

2. 피드백을 통한 성찰과 수정

하버드에서는 글에 대한 교수님의 피드백이 중요합니다. 학생들은 이러한 피드백을 통해 자신의 글을 객관적으로 보고, 논리적 흐름을 다듬으며 완성도 높은 글로 발전시킵니다. 이 반복적인 피드백 과정을 통해 학생들은 자신만의 논리적인 글쓰기 패턴을 갖추게 됩니다.

3. 풍부한 자원 및 지원 시스템

하버드 대학은 학생들에게 글쓰기 지원을 제공하는 다양한 자원을 보유하고 있습니다. 글쓰기 센터, 튜터링 프로그램, 워크샵 등 학생들이 언제든지 도움을 받을 수 있는 다양한 자원들이 마련되어 있습니다. 이러한 지원 시스템을 통해 학생들은 자신이 원하는 때에 글쓰기 능력을 강화하고 필요한 조언을 구할 수 있는 환경 속에서 글쓰기를 배우게 됩니다.

4. 비판적 사고와 분석 능력 훈련

하버드에서는 학생들이 다양한 주제와 관련된 복잡한 텍스트를 읽고 분석하는 훈련을 통해 비판적 사고력을 길러 줍니다. 덕분에 학생들은 글을 쓰면서 깊이 있는 내용을 다루고, 체계적으로 주제를 발전시키는 능력을 갖추게 됩니다.

5. 자기 표현 능력의 성장

하버드 대학생들은 자신의 생각을 명확하고 설득력 있게 전달하는 법을 배웁니다. 이는 논문이나 에세이에서부터 시작해 점차 일상적인 글쓰기와 소통 방식에까지 영향을 미치며, 강력한 자기 표현 능력을 형성하는 바탕이 됩니다.

이러한 요소들이 하버드 대학생들의 글쓰기 능력을 향상시키는 데 영향을 줄 수 있고, 일반 대중들의 글쓰기 능력 차이를 일부 설명할 수 있습니다. 그러나 일반인도 노력과 연습을 통해 높은 수준의 글쓰기 능력을 얼마든지 개발할 수 있습니다.

일반인도 하버드식 글쓰기를 배울 수 있을까?

- 명확한 글쓰기 기본 강화: 짧고 간결하게 핵심을 전달하는 방법을 연습해 보세요.

- 비판적 사고와 분석력 훈련: 다양한 주제에 대해 사고하고, 이를 논리적으로 전개해 보는 것이 좋습니다.

- 다양한 장르의 글쓰기 경험: 창의적인 에세이부터 학문적인 논문까지 다양한 스타일의 글을 써보는 것이 큰 도움이 됩니다.

- 토론과 피드백: 가족과의 토론을 통해 자신이 쓴 글에 대한 다양한 의견을 들어보고 반영해 보세요.

- 문학적 창의성 강화: 자신만의 스타일을 개발하면서 글쓰기에 창의적인 요소를 더해 보세요.

하버드 학생들이 이런 과정을 통해 품질 높은 글쓰기 능력을 가지게 되는 것처럼, 우리도 글쓰기를 통해 논리력과 사고력을 쌓고, 자기 표현 능력을 키워갈 수 있습니다. 하버드식 글쓰기 수업은 단순히 학문적인 성취를 넘어, 자기 개발과 진로에도 큰 도움을 줄 수 있다는 점에서 앞으로의 발전에 유용한 밑거름이 될 것입니다.

Chart 12.

첫 책, 엉망이어도 괜찮아! 실패에서 배우는 법

"첫술에 배부를 수는 없다" 는 말이 있듯, 인생의 첫 작품으로 대성공을 거두는 일은 정말 드뭅니다. 첫 작업은 누구에게나 서툴기 마련이죠.

마찬가지로, 초등학교 4학년이 쓴 첫 책의 완성도가 높을 거라 기대하는 것도 지나친 욕심일 거예요. 하지만 시간이 지나고 책을 써가는 경험이 쌓이면, 논리력과 글의 완성도는 아이가 자라는 만큼 자연스럽게 향상될 겁니다. 결국 중요한 건, 처음부터 뛰어난 결과를 내는 게 아니라, 글쓰기를 통해 논리적 사고의 재미를 깨닫고 즐길 수 있는 기회를 주는 것입니다. 나머지는 아이가 스스로 찾아내고 헤쳐갈 수 있도록 믿고 지켜보면 됩니다. 부모가 모든 걸 해줄 필요는 없고, 오히려 해주지 않는 것이 아이에게는 더 큰 선물일지도 모릅니다.

책을 쓰고 출판하는 과정이 삶에 미치는 영향은 매우 광범위하고 다양합니다.

책이 지닌 힘은 단순히 한 권의 이야기로 그치지 않고, 우리 개인의 삶과 사회, 문화를 통해 뿌리내려 풍성한 영향을 미치죠. 그렇다면 책을 통해 얻을 수 있는 다양한 변화의 모습에는 어떤 것들이 있을까요?

1. 지식과 교육의 성장

책은 새로운 정보와 아이디어, 지식을 전달하는 창구입니다. 작가가 쌓아온 경험과 연구 결과가 한 권의 책에 담기며, 독자는 이를 통해 폭넓은 학문적 경험을 쌓을 수 있죠. 독자가 배우는 지식은 그들의 사고방식과 논리력까지 확장시켜 줍니다.

2. 문화적 영향

  책 출판은 문화를 형성하고 유지시키는 데 중요한 역할을 합니다. 문학작품, 철학서, 예술 서적 등은 우리 사회의 가치와 신념을 표현하고, 때로는 그것을 넘어 새로운 시각을 열어주죠. 덕분에 독자는 다양한 생각을 접하고, 사회적 이해의 폭을 넓힐 수 있습니다.

3. 사회적 영향

때론 한 권의 책이 사회적 변화를 일으키기도 합니다. 인권이나 환경 문제와 같이 사회적 이슈에 관한 책들은 사람들로 하여금 문제를 인식하게 하고 행동을 촉구하게 만듭니다. 결국 책은 독자들 사이에 공유되어 강력한 사회적 파급력을 가지며, 공감과 변화의 기회가 될 수 있습니다.

4. 경제적 가치 창출

출판 산업은 많은 분야와 연결되어 있습니다. 한 권의 책을 출간하는 데는 작가, 편집자, 디자이너, 인쇄소 등 수많은 사람들이 참여합니다. 덕분에 책은 문화적 가치를 넘어 경제적 활동과 일자리를 창출하는 원동력이 되기도 합니다.

5. 자아 개발 및 취미

책을 통해 얻을 수 있는 자아 성장은 엄청납니다. 작가로서 자신의 이야기를 세상에 내놓는 경험은 큰 성취감을 안겨주며, 그 과정에서 자기 표현력과 자아에 대한 이해도 깊어집니다. 또한 글을 쓰거나 책을 읽는 것은 단순히 지식을 넘어, 하나의 취미로서 인생에 풍요로움을 더해 줍니다.

6. 정신적 안정과 영감

   책을 읽고 쓰는 것은 정신적으로 안정감을 주고 때론 영감을 불러일으킵니다. 문학작품을 통해 깊은 이해와 연민을 배우고, 철학서를 통해 인생에 대한 고찰을 하는 경험은 책이 주는 또 다른 선물이죠.

책 출판은 지식과 교육에 매우 직접적인 영향을 미칩니다. 우리가 책을 통해 얻는 정보와 통찰력은 우리의 사고 방식과 세상을 바라보는 시각을 형성하는 데 큰 역할을 하죠. 그 이유를 좀 더 자세히 살펴볼까요?

1. 지식 전달

책은 다양한 주제에 대한 정보를 담고 있는 중요한 매체입니다. 작가나 연구자가 자신의 연구 결과와 경험, 통찰을 한 데 모아 책으로 출판하면, 독자들은 새로운 지식과 아이디어를 접할 수 있습니다. 예를 들어, 과학 책에서는 최신 연구 결과를 소개하며, 역사서에서는 과거의 사건을 통해 현재를 이해할 수 있는 기회를 제공합니다. 이렇듯 책은 우리가 세상을 이해하는 데 필요한 다양한 정보를 제공합니다.

2. 교육 자료

학교나 대학에서 사용하는 교재는 학생들에게 지식을 전달하고 학습 과정을 지원합니다. 출판된 교재는 교육과정에 따라 체계적으로 구성되어 있어, 학생들이 새로운 개념을 쉽게 이해하고 학습할 수 있도록 돕습니다.

예를 들어, 수학 교재는 개념을 단계적으로 설명하고, 예제를 통해 실력을 다질 수 있는 기회를 제공합니다. 이러한 교육 자료 덕분에 학생들은 지식을 쌓아가며 자신의 역량을 향상 시킬 수 있습니다.

3. 연구와 학문의 발전

학술 책이나 연구 보고서는 학문적인 발전을 이끌어냅니다. 새로운 아이디어와 연구 결과, 이론 등이 출판되면 해당 분야의 전문가들은 물론이고 학생들도 최신 지식을 접할 수 있습니다. 이렇게 쌓인 지식은 이후 연구에 기반이 되어 새로운 발견을 촉진하고, 학문이 발전하는 데 기여합니다. 따라서, 책 출판은 단순한 지식 전달을 넘어, 학문의 발전에도 큰 영향을 미치게 됩니다.

4. 문화 전파

문학 작품, 소설, 시 등의 문학적인 작품들은 문화를 전파하고 사회적인 이해를 돕습니다. 이러한 작품들은 독자들에게 다양한 시각과 경험을 제공하여 사회적 이해와 공감을 높이는 역할을 합니다.

책을 쓰고 읽는 일이 이렇게나 다채로운 영향을 줄 수 있다는 것은 놀라운 일입니다. 한 권의 책이 지식과 교육, 사회적 발전에 기여하고, 개인의 성장을 돕는다면, 아이에게 책 쓰기의 기회를 주는 것은 더 없이 큰 선물이 될 것입니다. 실패를 두려워하지 않고 도전하는 과정이 중요하다는 사실, 그 자체가 아이의 성장과 미래를 위한 토대가 될 겁니다

Chart 13.

부자들이 글쓰기를 중요하게 생각하는 이유는?

　많은 연구와 현실 속 사례들이 아이들에게 논리적 글쓰기를 최대한 빨리 시작하게 하는 것이 아이들의 뇌 발달에 크게 도움이 된다는 사실을 입증하고 있습니다. 성공한 사람들, 특히 많은 부자들이 부를 이룬 비결 중에는 책 읽기와 논리적 글쓰기 습관이 중요한 역할을 했음을 알 수 있는데요. 예를 들어, 마크 저커버그는 매일 아침 출근 전에 한 권의 책을 읽는다고 알려져 있습니다. 물론 이것이 사실인지는 확인이 어렵지만, 여기서 강조하는 것은 책 읽기의 중요성입니다. 많은 부모들이 아이들에게 꾸준히 책을 읽히려 노력하지만, 요즘같이 스마트폰이나 SNS 같은 미디어가 넘치는 시대에는 더욱 쉽지 않죠.

　그럼에도 성공한 CEO들의 인터뷰를 보면 '책읽기' 만큼이나 '글쓰기'가 더 중요하게 언급됩니다. 읽은 내용을 단순히 머릿속에 담아두는 게 아니라 글쓰기를 통해 자기 것으로 만드는 과정이 필요하기 때문입니다. 실제로 공자도 글을 읽고 자기화 하지 않으면 내용이 혼란스러워진다고 경고했습니다.

부자들이 책을 읽는 방법에는 공통된 몇 가지 접근 방식이 있습니다:

*목표 설정:** 책을 통해 얻고자 하는 목표를 분명히 합니다. 이는 자기 계발, 재무 상식 향상, 비즈니스 전문성 강화 등 다양할 수 있습니다.

*전문 지식 습득:** 자신의 분야에 맞는 전문 지식을 통해 지속적인 성장을 추구합니다.

*다양한 주제: 특정 주제에만 얽매이지 않고 여러 분야의 책을 읽으며 창의적 사고를 길러냅니다.

*효율적인 독서: 속독, 요약 읽기를 통해 핵심 내용을 빠르게 파악하고 시간을 효율적으로 사용 하려 합니다.

*독서기록: 독서록을 작성하며 학습한 내용을 정리하고 기억에 남기려 노력합니다.

*지속적인 학습: 부자들은 독서를 통해 계속해서 새로운 지식을 습득하고 자기 계발에 투자함으로써 지속적인 성장을 추구합니다.

이처럼 부자들은 독서를 통해 자신의 전문성을 향상시키고 비즈니스나 개인적인 목표를 달성하는 데 도움을 얻을 수 있습니다.

또한 부자들은 글쓰기 습관 또한 마찬가지로 중요하게 여기는데요, 글쓰기를 통해 자신의 생각을 정리하고 상대방에게 효과적으로 전달하는 방법을 연습합니다. 부자들의 글쓰기 방식 중 주목할 만한 방법을 몇 가지 정리하면 다음과 같습니다:

*목표 설정: 글을 쓰기 전에 명확한 목표를 설정합니다. 이는 정보 전달, 영감 제공, 비즈니스 목표 달성 등 다양할 수 있습니다.

*대상 이해 : 독자에게 맞는 스타일과 내용을 선택해 효과적으로 메시지를 전달합니다.

* **경험 공유:** 자기계발 서적이나 블로그 등을 통해 자신의 경험과 지식을 공유하고 독자들에게 가치를 제공합니다.

* **명확하고 간결하게:** 복잡한 어구나 길이가 긴 문장을 피하고, 핵심 내용을 전달하는데 집중합니다.

* **피드백과 수정:** 글의 완성도를 높이기 위해 피드백을 받고 끊임없이 다듬습니다.

이러한 방법들을 통해 부자들은 글쓰기를 효과적으로 활용하여 자신의 아이디어와 경험을 공유하고, 비즈니스나 개인적인 목표를 달성하는데 도움을 얻을 수 있습니다.

이처럼 글쓰기와 책 읽기는 서로 밀접하게 연결되어 있습니다. 만약 책 읽기에 아이가 흥미를 느끼지 못한다면, 핸드폰이나 컴퓨터를 이용하여 인터넷이나 유튜브, SNS에서 정보를 찾고 논리적으로 글을 먼저 써보게 하는 방법도 좋은 시작입니다. 책 읽기나 글쓰기, 어느 것이 먼저든 상관없습니다. 아이 스스로 논리적 사고를 키울 수 있도록, 흥미를 잃지 않고 꾸준히 이어가는 것이 중요한 목표입니다.

Chart 14.

80페이지의 비밀, 8개 차트로 완성하지

"30페이지 책을 쓰는 게 정말 가능할까?"라는 의문을 가진다면, 그 대답은 "가능하다!"입니다. 사실, 책을 쓰는 일이 어렵고 복잡하다고 생각

할 수 있지만, 그게 전부는 아닙니다. 처음에는 "80페이지를 어떻게 채우지?"라고 고민할 수 있지만, 사실 그 과정은 매우 단순하고 직관적입니다. **80페이지는 단 8개의 차트**로 완성할 수 있습니다. 어떻게 가능하냐고요? 바로, 각 차트가 책의 주요 내용이자 핵심적인 아이디어를 담고 있기 때문입니다.

책 만들기의 핵심: 8개 차트로 80페이지 채우기

1. 차트 8개로 책의 틀 만들기

책을 시작할 때 가장 중요한 것은 책의 기본 구조입니다. 여기에 필요한 것은 단지 **8개의 소제목**입니다. 각각의 소제목은 책의 주요 주제를 나타내며, 각 차트는 그 주제에 대한 간단한 설명을 담고 있습니다. 예를 들어, "우리 집 라면의 비밀"이라는 주제를 다룬다면, 그에 관한 여러 하위 아이디어들을 8개의 차트로 나누어 구성할 수 있습니다. 차트 8개만으로 책을 채우는 방법은 단순하면서도 명확하게 책의 뼈대를 세우는 과정입니다.

2. 소제목으로 주제 설정하기

책을 쓰기 전, 각 차트를 나타낼 **소제목을 8개 정하는 것**이 첫 번째 단계입니다. 소제목은 책에서 다룰 중요한 아이디어나 핵심적인 질문을 제시합니다. 예를 들어, "라면의 역사" 부터 "한국 경제에 미친 영향"까지 다양한 시각에서 한 가지 주제를 다룰 수 있습니다. 소제목을 정할 때, 책이 다룰 핵심을 정확하게 짚어내는 것이 중요합니다.

3. 소제목에 대한 설명 추가하기

각 소제목을 정했다면, 이제 그에 대한 간략한 설명을 덧붙입니다. 설명은 **3~5줄 정도**로 소제목에 대해 간단히 소개하는 역할을 합니다. 이 단계에서 중요한 것은 너무 긴 설명보다는 핵심만 간결하게 전달하는 것입니다. 예를 들어, "라면의 역사"라는 소제목 아래에서는 라면이 어떻게 발명되었는지, 그리고 그것이 어떻게 한국의 대표적인 음식으로 자리 잡았는지를 간단하게 서술할 수 있습니다.

4. 챗GPT 활용: 80% 내용 채우기

이제, 중요한 단계가 시작됩니다. 챗GPT의 역할입니다. 소제목과 설명이 준비되었다면, **챗GPT를 활용하여 책의 80% 분량을 채웁니다.** 예를 들어, "라면의 역사"에 대해 더 자세한 정보를 원한다면, 챗GPT에게 질문을 던지고 그 답변을 책에 반영하면 됩니다. 라면의 역사뿐만 아니라, 라면이 한국 경제에 미친 영향, 세계적인 라면 트렌드 등 다양한 정보를 간단하게 정리해주는 역할을 챗GPT가 할 수 있습니다.

5. 주제에 대한 결론 정리하기

마지막으로, 각 소제목에 대해 **결론을 다시 한 번 정리**합니다. 이 결론은 책을 읽는 독자가 기억하기 쉽도록 간결하게 작성되어야 합니다. "라면의 역사"에 대한 주제를 다룬 후, "라면은 단순한 음식이 아니라, 경제와 문화의 상징적인 존재로 자리 잡았다"와 같은 핵심 메시지를 덧붙일 수 있습니다.

차트 8개로 완성된 80페이지의 책

이 과정을 **8번 반복**하면, 어느새 책의 골격이 완성됩니다. 각 소제목을 설정하고, 그에 대한 설명과 챗GPT의 도움을 받아 내용을 확장하며, 마지막으로 결론을 덧붙이는 방식입니다. 처음에는 이 방법이 너무 단순해 보일 수 있지만, 실제로 시도해보면 그 효율성에 놀라게 될 것입니다. 80페이지를 채우는 것은 전혀 어려운 일이 아니며, 챗GPT와 함께라면 그 속도는 더 빨라집니다.

> 1줄 소제목 + 5줄 설명 + 80% 챗GPT + 결론

이 공식은 생각보다 간단하지만, 매우 효과적입니다. **1줄 소제목, 5줄 설명, 챗GPT로 80% 분량 채우기**, 그리고 **최종 결론**이 추가되면, 하루나 이틀 만에 책의 기본 틀이 완성됩니다. 이 과정은 학습적이면서도 창의적인 도전이 될 것입니다. 아이와 부모가 함께 책을 쓰는 경험은 단순히 글을 쓴다는 행위를 넘어, 아이가 세상을 바라보는 시각을 넓히고, 동시에 부모가 최신 기술을 실생활에서 어떻게 활용할 수 있는지에 대해 배우는 기회가 됩니다.

특히, 아이들과 함께라면 책 쓰기는 그 자체로 재미있는 모험이 될 수 있습니다. 자, 이제 상상력을 발휘할 차례입니다. 어떻게 하면 80페이지의 멋진 책을 완성할 수 있을까요?

아이들의 상상력을 자극하는 주제로 시작해 봅시다.

미래라는 주제는 무궁무진한 상상력을 자극하는 소재입니다. "미래에서 온 아이들"이라는 주제는 어떤 내용이 될까요? 상상해보세요. 미래에서 온 아이들이 타임머신을 타고 과거로 오게 되면, 그 아이들은 어떤 이야기를 전할까요? 그들은 어떤 기술과 지식을 가지고 있을까요?

소제목 1: '미래에서 온 아이들이란?'

설명: 미래에서 온 아이들은 우리가 지금 상상할 수 있는 것들보다 훨씬 더 발전된 기술과 지식을 가지고 있을 겁니다. 예를 들어, 타임머신을 타고 과거로 왔다는 사실만으로도 엄청난 모험이 시작되는 거죠. 이 미래의 아이들은 우리의 친구가 되어, 우리가 상상할 수 없었던 미래의 세계를 전해줄 거예요.

챗GPT 활용: "미래에서 온 아이들은 어떤 기술을 가지고 있을까요?"라고 묻고, 챗GPT는 미래 기술에 대해 흥미로운 아이디어를 제시할 수 있습니다. 예를 들어, 미래 아이들은 공중을 나는 자전거, 시간을 멈추는 장치, 로봇 친구를 가지고 있을 수 있겠죠. 이렇게 기술적 상상을 통해 더 창의적인 이야기의 방향을 잡아갈 수 있습니다.

소제목 2: '미래에서 온 아이들이 과거로 돌아온 이유는?'

설명: 이제, 왜 미래에서 온 아이들이 과거로 온 걸까요? 그들은 중요한 임무를 가지고 과거에 온 것일지도 모릅니다. 예를 들어, 지구의 환

경을 지키기 위한 경고나, 미래의 인류를 구할 방법을 전하려는 이유일 수 있겠죠. 그들이 과거의 사람들에게 전하려는 메시지는 무엇일까요?

챗GPT 활용: "미래에서 온 아이들이 과거로 온 이유는 무엇일까?"라는 질문을 던지면, 챗GPT는 미래의 위기 상황이나 그들이 가져온 중요한 정보에 대한 답을 제시할 수 있습니다. 예를 들어, 기후 변화나 자원 고갈을 막기 위한 방법을 제시하거나, 인류가 더 나은 미래를 만드는 방법에 대한 해결책을 함께 풀어낼 수 있습니다.

소제목 3: '미래의 아이들이 가르쳐준 놀라운 기술들'

설명: 미래에서 온 아이들이 가져온 기술들은 정말 놀라운 것들이 많습니다. 예를 들어, 모든 것이 자동화된 집, 음식을 만드는 3D 프린터, 가상 현실에서 여행하기 등의 기술들이 우리를 기다리고 있을지도 모릅니다. 이 아이들은 그 기술들을 어떻게 활용하고 있을까요? 그 기술들을 통해 우리의 삶은 어떻게 달라질까요?

챗GPT 활용: "미래의 기술들이 우리의 삶에 어떤 영향을 미칠까?"라고 묻고, 챗GPT는 가상 현실이나 인공지능이 일상 생활에 어떻게 쓰일 수 있을지에 대한 아이디어를 제시할 수 있습니다. 예를 들어, 무중력 상태에서의 스포츠, 로봇이 학교에 다니는 모습 등을 상상하며 이야기를 풀어갈 수 있겠죠.

소제목 4: '미래에서 온 아이들과 함께 떠나는 타임 여행'

설명: 미래에서 온 아이들과 함께 타임 여행을 떠나는 모험은 상상만으로도 재미있습니다! 타임머신을 타고 고대 문명을 탐험하거나, 미래의 지구를 여행하는 흥미진진한 여행을 떠날 수 있겠죠. 그들과 함께 미래의 도시를 구경하고, 미래의 동물들을 만나는 상상만으로도 즐겁습니다. 하지만 시간 여행을 하다가 과거와 미래가 뒤엉켜 혼란스러운 상황 등 문제들도 함께 해결해야 할 미션이 기다리고 있을 거예요.

챗GPT 활용: "타임 여행을 하게 된다면, 어떤 역사적 사건을 보고 싶을까?"라는 질문을 던지면, 챗GPT는 시간 여행의 아이디어를 제공하며, 각 시대에서 어떤 흥미로운 사건들을 경험할 수 있을지에 대해 다양한 예시를 들 수 있습니다. 예를 들어, 고대 이집트의 피라미드를 만드는 과정, 우주 탐사의 시작 등을 다룰 수 있죠.

8개의 차트로 80페이지 책을 완성하는 비밀!

미래에서 온 아이들과 함께 떠나는 상상 속의 여행은 바로 8개의 차트를 통해 한 권의 책으로 완성됩니다. 각 소제목마다 창의적이고 흥미로운 아이디어를 펼쳐 나가면서, 80페이지의 책을 금세 완성할 수 있습니다. 챗GPT와의 대화 속에서 아이들은 더 넓은 시야와 다양한 관점을 배울 수 있습니다.

그 과정에서 우리 아이들의 상상력과 창의력이 더욱 발휘되고, 아이와 부모 모두가 재미있는 경험을 할 수 있는 시간이 될 것입니다.

이제 직접 한 번 도전해 보세요. 주제를 정하고, 챗GPT에게 질문해가며 아이와 함께 글을 작성해 보는 겁니다.

Chart 15.
45일 만에 논문까지? 집중력을 높여라

작심삼일이라는 말이 있죠. 멋지게 마음먹고 시작한 일도 사흘만 지나면 시들해지기 일쑤입니다. 겨우 일주일을 넘기면 더 이상 재미도 없고,

하기도 싫어지곤 합니다. 이때 우리의 뇌는, 마치 원시 시대로 돌아가 듯, 온갖 핑계를 대며 나태해지는 습성을 보입니다. 하지만 놀랍게도 이는 우리 조상들에게서 물려받은 특성이기도 합니다. 열심히 사냥하고, 부지런했던 인류보다 게으르고, 신중하며 조심했던 사람들이 살아남았기 때문입니다. 우리의 뇌 속 '날뛰는 원숭이'를 잠재우고 논문을 완성 해야 할 시간이 다가왔습니다. 담당 교수님께 제출할 논문이 이제 딱 한 달 남았다면, 더 이상 미룰 시간도 없습니다. 지금부터는 챗GPT의 글쓰기 기법을 활용해 30일 만에 논문을 끝내 봅시다.

좋은 논문을 작성하기 위해서는 다음과 같은 조건을 충족시켜야 합니다.

1. 논문의 주요 요건

원천 자료의 신뢰성: 논문에서 사용하는 데이터, 정보, 그리고 이론은 신뢰할 수 있어야 합니다. 신뢰성 있는 출처에서 얻은 자료를 사용하고, 실험 결과나 조사 데이터의 정확성을 확인하는 등의 절차가 필요합니다.

명확한 연구 목적: 논문의 목적은 명확하게 정의되어야 합니다. 연구의 범위와 목표가 명확하게 제시되어야 합니다.

문제 제기와 가설 설정: 논문에서 다루는 문제나 연구 주제가 명확히 제시되어야 합니다. 또한, 가설은 명확하고 검증 가능해야 합니다.

문헌 고찰과 이론적 배경: 관련 연구나 이론에 대한 충분한 문헌 고찰이 필요합니다. 이를 통해 기존 연구와의 연관성을 파악하고, 연구의 위치와 기여를 명확히 할 수 있습니다.

연구 방법론: 연구 방법이 명확하게 제시되어야 합니다. 사용한 연구 디자인, 샘플링 방법, 데이터 수집 방법, 분석 기법 등이 세부적으로 기술되어야 합니다.

결과의 명확한 제시: 연구 결과는 명확하게 제시되어야 합니다. 표나 그림을 통해 시각화하고, 통계적 분석을 통해 결과의 신뢰성을 보여줘

야 합니다.

논의 및 해석: 결과를 바탕으로 한 논의와 해석이 제공되어야 합니다. 연구 결과와 이론적 배경을 비교하고, 결과의 의미와 한계를 논의해야 합니다.

참고 문헌: 사용된 자료나 이용한 이론 등에 대한 출처가 명확하게 기재되어야 합니다. 다른 연구자들이 관련 문헌을 찾아볼 수 있도록 충분한 정보를 제공해야 합니다.

명확한 구조와 논리: 논문은 명확한 구조와 논리로 이뤄져야 합니다. 각 섹션은 서로 유기적으로 연결되어야 하고, 전체적인 흐름이 일관되어야 합니다.

언어와 표현의 명확성: 논문은 명확하고 간결한 언어로 작성되어야 합니다. 전문 용어나 개념이 적절하게 사용되어야 하며, 표현은 모호하지 않고 이해하기 쉬워야 합니다.

이러한 조건을 충족시키면서 논문을 작성하면, 수준이 높아지고 학계나 전문 분야에서 인정받을 수 있을 것입니다.

논문을 빠르게 쓰는 것은 목표를 달성하기 위한 효율적인 전략과 시간 관리의 문제입니다. 아래에 논문을 빠르게 쓰는데 도움이 될 수 있는 몇 가지 전략을 제시합니다.

2. 집중력을 높이는 논문 작성 전략

목표 설정: 논문을 작성하기 위한 명확한 목표를 설정하세요. 목표는 구체적이고 현실적이어야 합니다. 예를 들어, 하루에 몇 페이지를 쓸 것인지, 특정 섹션을 마무리할 때까지 걸리는 시간을 계획하세요.

일정 작성: 논문 작성을 위한 일정을 만들어서 계획을 세우세요. 공백 시간을 식별하고, 논문 작성을 위한 시간을 예약하세요. 그리고 그 일정을 지키도록 노력하세요.

분할 작업: 논문을 작은 부분으로 나누어 작업하세요. 각 섹션이나 부분을 개별적으로 작성하여 완료하는 것이 더 효율적일 수 있습니다.

청크 작성: 작업 시간을 작은 청크로 나누어 사용하세요. 예를 들어, 25분짜리 작업 시간을 설정하고 집중하여 작업하고, 그 후 5분 정도의 휴식을 취하세요.

첫 동기부여: 작업을 시작할 때 가장 어려운 부분은 첫 번째 단계입니다. 작업을 시작하는 데 더 많은 시간을 쏟고, 한 번 시작하면 보다 쉽게 작업할 수 있습니다.

뇌 끄기: 작업에 집중하기 위해 논문을 쓰는 동안 잠시 모든 알림과 방해 요소를 제거하세요. 전화나 이메일 알림을 끄고, 집중력을 유지하세요.

수정은 나중에: 초안을 작성할 때 완벽을 추구하지 마세요. 일단 아이디어를 적고, 이후에 수정하고 개선하는 것이 더 효율적입니다.

공동 작업: 가능하다면 동료나 지도 교수와 함께 작업하세요. 피드백을 주고 받으면서 작성 속도를 높일 수 있습니다.

중간 정리: 작업을 진행하는 동안 주기적으로 중간 정리를 하세요. 작성한 내용을 다시 검토하고, 방향을 조정하거나 보완할 부분을 찾아냅니다.

자기 관리: 건강한 생활습관을 유지하세요. 충분한 휴식과 운동, 영양을 챙기면 더 효율적으로 작업할 수 있습니다.

이러한 전략을 활용하여 효율적으로 논문을 빠르게 작성할 수 있을 것입니다.

논문의 근거자료를 만드는 것은 논문의 수준과 신뢰성을 결정하는 중요한 단계입니다. 다음은 논문의 근거자료를 만드는데 도움이 될 수 있는 몇 가지 전략입니다.

3. 논문 작성 가속화

문헌 검색: 관련된 주제나 연구에 대한 문헌을 검색하여 충분한 배경 지식을 습득하세요. 학술 데이터베이스나 온라인 라이브러리를 활용하여 최신 연구 논문, 책, 학술 저널 등을 찾을 수 있습니다.

다양한 출처 활용: 단일 출처에 의존하지 말고 다양한 출처에서 근거자료를 수집하세요. 서로 다른 관점과 의견을 고려함으로써 논문의 완성도와 다양성을 높일 수 있습니다.

신뢰할 수 있는 출처: 신뢰할 수 있는 학술 저널, 출판사, 정부 기관, 대학 등에서 발표된 자료를 선정하세요. 피어 리뷰된 논문이나 학술 서적은 일반적으로 신뢰성이 높습니다.

연구 방법과 결과 확인: 선택한 근거자료가 충분한 데이터와 신뢰할 만한 연구 방법을 기반으로 하고 있는지 확인하세요. 결과가 통계적으로 유의미한지, 연구 방법이 타당한지 등을 검토하세요.

필요한 정보 추출: 근거자료에서 논문에 필요한 정보를 추출하세요. 주요 개념, 연구 결과, 통계 자료 등을 정확하게 파악하고 기록하세요.

인용 체계 준수: 근거자료를 사용할 때에는 반드시 인용 체계를 준수

해야 합니다. 출처를 명확하게 표기하고, 인용 스타일에 맞게 인용하세요.

비평적 사고: 근거자료를 분석할 때는 비평적 사고를 가지세요. 자료의 신뢰성, 일치성, 객관성 등을 평가하고, 자료의 한계와 제약 사항을 고려하세요.

메모 및 정리: 근거자료를 읽으면서 중요한 내용을 메모하고 정리하세요. 필요한 정보를 쉽게 찾을 수 있도록 구조화된 방식으로 메모를 작성하세요.

시간 분배: 근거자료를 수집하고 분석하는 데 충분한 시간을 할당하세요. 충분한 시간을 투자하여 신뢰할 수 있는 자료를 선정하고 논문에 효과적으로 활용하세요.

피드백 받기: 근거자료를 선정하고 활용하는 과정에서 다른 사람의 피드백을 받아보세요. 지도 교수나 동료들의 의견을 듣고, 필요한 부분을 보완하세요.

이러한 전략을 활용하여 논문의 근거자료를 효과적으로 수집하고 활용할 수 있을 것입니다.

좋은 논문을 쓰는 데 소요되는 시간은 상대적입니다. 하지만 전반적으로 말하자면, 품질 있는 논문을 완성하는 데에는 충분한 시간과 노력이 필요합니다. 아래는 논문 작성에 걸리는 일반적인 시간 범위입니다.

논문의 길이와 복잡성: 논문의 길이와 내용의 복잡성에 따라 작성에 필요한 시간이 달라집니다. 긴 논문이나 복잡한 주제를 다루는 경우 작성에 더 많은 시간이 소요될 수 있습니다.

연구 및 문헌 검토: 논문을 작성하기 위해서는 충분한 연구와 문헌 검토가 필요합니다. 이 과정은 몇 주에서 몇 달이 걸릴 수 있습니다.

초안 작성: 논문의 초안을 작성하는 데에는 몇 주에서 몇 달이 소요될 수 있습니다. 초안에서는 주요 아이디어와 구조를 개발하고, 주요 섹션을 작성합니다.

피드백과 수정: 작성한 논문을 검토하고 피드백을 받는 과정도 시간이 소요됩니다. 이 과정에서 논문의 구조, 논리, 문장 구성, 그림 및 표의 정확성 등을 검토하고 수정해야 합니다.

제출 전 마무리: 최종적으로 제출하기 전에는 논문을 완성하고 형식을 맞추는 과정이 필요합니다. 이는 며칠에서 몇 주 정도 소요될 수 있습니다.

4. 45일 만에 논문 완성하기: 실천 가능할까?

전체적으로 논문을 완성하는 데에는 최소한 몇 달에서 여러 달이 걸릴 수 있습니다. 그러나 이는 주제와 연구의 복잡성, 개인의 작업 속도 등에 따라 다를 수 있습니다. 45일 만에 논문을 끝내는 것은 어려운 일이지만, 위 전략과 집중력 훈련으로 가능합니다. 특히 이 책에 소개된 챗GPT의 논리적인 글쓰기 도구를 활용해 글을 체계적으로 작성할 수 있다면 300페이지의 방대한 논문도 효율적으로 완성할 수 있습니다. 졸업논문이나 학기 과제로 고민이 많다면 이 전략들을 적극적으로 시도해 보세요.

Chart 16.

작가가 되기 위한 초간단 4단계 논리법

작가가 되기 위한 초간단 4단계 논리법을 따라 논리적이고 매력적인 글을 쓰는 방법을 쉽게 풀어보겠습니다. 각 단계에 맞춘 설명과 예시를 통해 이해를 돕겠습니다!

1단계: 핵심 전달 - 독자에게 '이 글을 왜 읽어야 하는지' 핵심을 확실히 전달하라!

글을 시작할 때 독자가 글을 읽어야 하는 이유를 처음부터 명확하게 제시하세요. 글의 첫 문장에서 주제를 분명하게 제시하면, 독자가 "이게 나랑 무슨 상관이야?"라며 관심을 잃는 것을 막을 수 있어요. 무조건 독자가 '뭐지? 이거 나한테 필요한 내용인가?' 하고 집중할 수 있게 끌어당겨야 해요.

예시 1

"시험만 보면 머리가 하얗게 변하는 당신을 위해, 오늘은 '시험 점수 올리는 비법'을 공개합니다!"

이렇게 말하면, 시험 성적이 고민인 독자라면 단번에 집중하게 되겠죠. 이 문장은 짧지만 강렬하게 핵심을 전달합니다.

예시 2

학생들이 핸드폰을 장시간 사용해도 되는 이유는?

핸드폰의 장시간 사용은 학생들에게 국한 되지 않고 현대 사회에서 다양한 논의의 주제가 되고 있습니다.

예시 3

"자, 이제 다이어트를 시작하려는 모든 분들! 매일 아침을 어떻게 먹느냐가 성공을 좌우한다고 하는데, 그 비법을 알아볼까요?"

다이어트는 누구나 관심 있는 주제잖아요. 이렇게 독자가 알고 싶은 내용을 곧바로 내세워, 읽고 싶어 지게 유도해 보세요.

tip : 핵심 전달을 위해 중요한 점은 바로 독자 입장에서 질문을 던지며 시작하는 거예요. 독자의 상황을 상상해보고, 그들이 무엇을 알고 싶어 할지 고민해보면 좋은 문장이 떠오를 거예요.

2단계: 주장하고 설명하기 - 내 주장을 생생하게 펼쳐라!

이제 본론으로 들어가서 자신의 주장을 펼치고, 그에 대한 설명을 흥미롭게 풀어보는 단계입니다. 이 단계에서는 "무엇을 말하고 싶은지"를 분명히 드러내면서, 주장이 단순히 떠돌지 않도록 뒷받침하는 설명을 충분히 덧붙여야 합니다.

예시 1

"시험 성적을 올리는 첫 번째 비법은 바로 '아침 시간 활용법'이에요. 이른 아침에 10분씩이라도 복습을 하면 그날 공부가 머릿속에 훨씬 더 잘 남아요."

이처럼 첫 번째 비법을 제시하고, 왜 아침에 공부하는 게 중요한지 설명해주면 독자들은 "오, 그렇구나!" 하며 설득될 거예요.

예시 2

"핸드폰 사용 시간이 늘어나면 학생들이 교육, 안전, 의사소통 면에서 더 유익해질 수 있다."

이 주장에서는 핸드폰 사용의 긍정적인 측면을 강조하며 독자의 관심을 끌어내는 방식입니다

예시 3

"다이어트를 성공하려면 아침을 절대 굶지 말아야 해요. 공복 상태로 점심을 먹으면 몸이 지방을 더 잘 저장하게 되거든요."

다이어트와 아침 식사의 관계를 설명하며, 독자가 "왜 아침이 중요한가?"라는 의문을 자연스럽게 해결하도록 도와주세요.

이 단계에서는 꼭 구체적이고 실질적인 예시를 들어 설명해 주세요. 사람들은 추상적인 정보보다는 실생활에서의 사례나 팁에 더 쉽게 공감하고 관심을 갖기 때문이에요.

3단계: 근거로 증명하기 - 내 의견을 구체적인 증거와 예시로 뒷받침하라!

주장이 제대로 먹히려면 근거가 있어야 신뢰를 얻을 수 있어요. 이 단계에서는 구체적인 데이터나, 흥미로운 사례, 연구 결과 등을 인용해서 독자에게 '이 정보가 믿을 만하다'라는 인상을 주어야 합니다. 독자들이 '아, 이 사람 말이 맞는 것 같네?' 하고 납득하게 만드는 거죠.

예시 1

"사실, 미국의 한 연구에 따르면, 아침 시간에 10분씩 복습한 학생들이 그렇지 않은 학생들보다 평균적으로 성적이 15% 더 높았다고 해요."

이처럼 연구 결과를 인용하면 훨씬 설득력이 생겨요. '나만의 비법'처럼 들리기보다 객관적이고 신뢰가 가는 정보로 느껴지게 됩니다.

예시 2

하버드 연구에 따르면, 학생들이 제한된 시간 내에 핸드폰을 사용하는 것보다 자유롭게 이용할 때 오히려 스트레스가 줄어들고 학업 성취도가 높아진다는 결과가 나왔습니다.

이와 같이 연구 결과를 인용하면 주장이 객관적으로 뒷받침되어 독자들이 신뢰를 가지게 됩니다.

예시 3

"또 다른 연구에서는 아침 식사를 규칙적으로 챙긴 사람들이 그렇지 않은 사람들보다 체지방률이 평균적으로 5% 낮았다고 합니다. 실제로 아침을 잘 챙겨 먹으면 점심이나 저녁에 과식할 확률이 낮아지기 때문이죠."

이와 같이 과학적 근거를 활용해 독자가 공감할 수 있도록 해주면, 글쓴이의 주장이 훨씬 강하게 다가갑니다.

tip : 근거를 제시할 때는 통계나 연구 내용을 가급적 흥미롭게 풀어 설명하는 것도 중요해요. 예를 들어, "15% 더 높았다" 보다는 "시험지를 볼 때 마음이 편안했다" 는 등의 경험적 느낌을 더해주면 독자가 더 잘 이해할 수 있어요.

4단계: 마무리에서 강조하기 – 다시 한번 핵심을 되새기며 깔끔하게 끝내기

글의 마지막에서는 글쓴이가 하고자 했던 주장을 한 번 더 강조하면서 독자의 머릿속에 확실하게 남게 만드는 것이 중요합니다. 잘 마무리된 글은 독자에게 명확한 인상을 남기며, 글의 메시지를 오랫동안 기억하게 하죠.

예시 1

"결국, 아침 시간을 잘 활용하는 것이 성적을 올리는 중요한 습관이 될 수 있어요. 내일 아침부터 딱 10분만 복습해 보는 건 어떨까요?"

이렇게 글을 끝내면 독자는 "오, 나도 해봐야겠다" 하고 스스로 다짐하게 돼요. 핵심 메시지를 되새기면서 자연스럽게 실천해 볼 의욕도 생기는 거죠.

예시 2

"핸드폰 사용이 단순히 오락이 아닌, 교육과 안전을 위한 중요한 도구라는 점을 잊지 말아야 합니다. 학부모와 학생 모두에게 유익한 방식으로 활용될 수 있도록, 핸드폰 사용에 대한 긍정적인 인식 전환이 필요합니다."

이렇게 결론에서 주제를 다시 강조하면 독자에게 주장이 분명히 전달됩니다.

예시 3

"한 번 더 강조하지만, 아침을 거르면 다이어트에 실패할 확률이 높아집니다. 건강한 몸을 위해 오늘 아침부터 간단한 식사를 준비해보세요!"

이와 같이 마무리에서 독자가 글을 읽고 얻을 수 있는 구체적인 행동 방향을 제시하면, 글의 설득력이 훨씬 높아지죠.

tip : 결론에서는 독자가 행동에 옮길 수 있는 내용을 제안하거나, 한 문장으로 주제를 깔끔하게 요약해주는 것도 좋아요. 독자가 "아, 이게 중요한 포인트구나!" 하고 마지막까지 확실하게 이해할 수 있도록 만드는 게 핵심입니다.

이 4단계 논리법을 따라가면 누구나 쉽고 재미있게 논리적인 글을 쓸 수 있어요. 독자에게 주제를 제시하고, 생생한 예시와 근거를 통해 설명하며, 마지막에 깔끔한 마무리로 인상을 남기면 완벽한 글이 완성됩니다.

> 의견을 강조하는 법
> => 제안 해결책 ~ 하라 행동을 제시.
> 팁퍼 : 팁으로 제안하라.

Chart 17.

첫날은 낙서하듯, 브레인스토밍을 즐기지!

어떤 형식도 없이 떠오르는 아이디어를 종이에 적으세요. 하나하나가 책의 차트가 됩니다. 저는 주로 마인드맵이라는 형식으로 아이디어를 적어 나갑니다. 마인드맵은 그림과 글, 모든 도구를 사용하여 아이디어를 적어 나가는 기법입니다. 떠오르는 것을 마구 그리고, 그냥 마구 적으면 됩니다.

마인드맵은 아이디어를 시각적으로 정리하고 연결하는 데 유용한 도구입니다. 아래는 마인드맵을 사용하여 아이디어를 적는 기본적인 방법입니다.

주요 개념으로 시작하기: 마인드맵의 중심에 주요 개념이나 목표를 적습니다. 이 주요 개념은 마인드맵의 핵심 주제가 됩니다.

주요 개념에 가지 추가하기: 주요 개념에 연결된 하위 아이디어를 가지처럼 추가합니다. 이 가지들은 주요 개념을 더욱 구체화하고 세분화하는 데 도움이 됩니다.

세부사항 추가하기: 각 가지에 더욱 세부적인 아이디어나 정보를 추가합니다. 이렇게 하면 복잡한 아이디어나 주제도 체계적으로 분석하고 이해할 수 있습니다.

색상과 이미지 사용하기: 다양한 색상과 이미지를 사용하여 아이디어를 시각적으로 표현하면, 아이디어를 더욱 명확하게 이해하고 기억하는 데 도움이 됩니다.

이러한 방법을 통해 마인드맵을 사용하면 복잡한 아이디어를 구조화하고, 창의적인 생각을 발전시키며, 문제 해결 과정을 시각화 할 수 있습니다. 이처럼 마인드맵은 브레인스토밍, 학습, 기획, 문제 해결 등 다양한 상황에서 활용할 수 있습니다.

위의 내용은 윈도우에서 제공하는 Copilot 를 사용한 것입니다. 이제 모든 일상에 AI가 스며들고 있습니다. 우리도 아이들과 함께 사용해야 할 것입니다.

🔍 검색　　🟦 COPILOT　　📄 전자 필기장

👤 나

마인드맵으로 아이디어 적는 법은?

🟦 Copilot

✓ 답변 생성 중...

마인드맵을 이용해 아이디어를 정리하는 방법은 다음과 같습니다:

1. **중심 아이디어로 시작하기**: 이는 맵핑하려는 중심 주제를 대표하는 단어나 이미지/그림이 될 수 있습니다 [1].

2. **하위 주제를 나타내는 가지 만들기**: 이는 단어나 짧은 문구로 제한되어야 합니다. 나중에 추가할 공간을 남겨두기 위해 아이디어 사이에 충분한 공간을 두는 것이 좋습니다 [1].

3. **마인드맵에 세부사항 추가하기**: 각 가지에 대한 세부사항을 추가합니다 [1].

4. **색상과 이미지 추가하기**: 아이디어와 연관된 색상이나 이미지를 추가하여 시각화를 돕습니다 [2].

5. **맵 재정렬하기**: 혼란스럽게 보이지 않도록 마인드맵을 재정렬합니다 [2].

6. **맵 검토 및 저장하기**: 나중의 작업 과정을 위해 마인드맵을 검토하고 저장합니다 [2].

이러한 방법을 통해 마인드맵을 사용하면 아이디어를 시각화하고 조직화하는 데 도움이 됩니다. 이는 학습, 아이디어 구상, 전략 계획 수립, 프로세스 매핑, 또는 정보의 양이 많을 때 이를 조직화하는 데 사용될 수 있습니다 [1]. 이는 또한 창의성을 촉진하고 문제 해결을 돕습니다 [1].

자세한 정보　1 🔶 zapier.com　2 🔶 zenflowchart.com　3 🔶 jelmar-van-aert.be　4 🔶 mindmeister.com

🎧　무엇이든 물어보세요

🖼 🎤 ▷

Chart 17. 첫날은 낙서하듯, 브레인스토밍을 즐기자!　　135

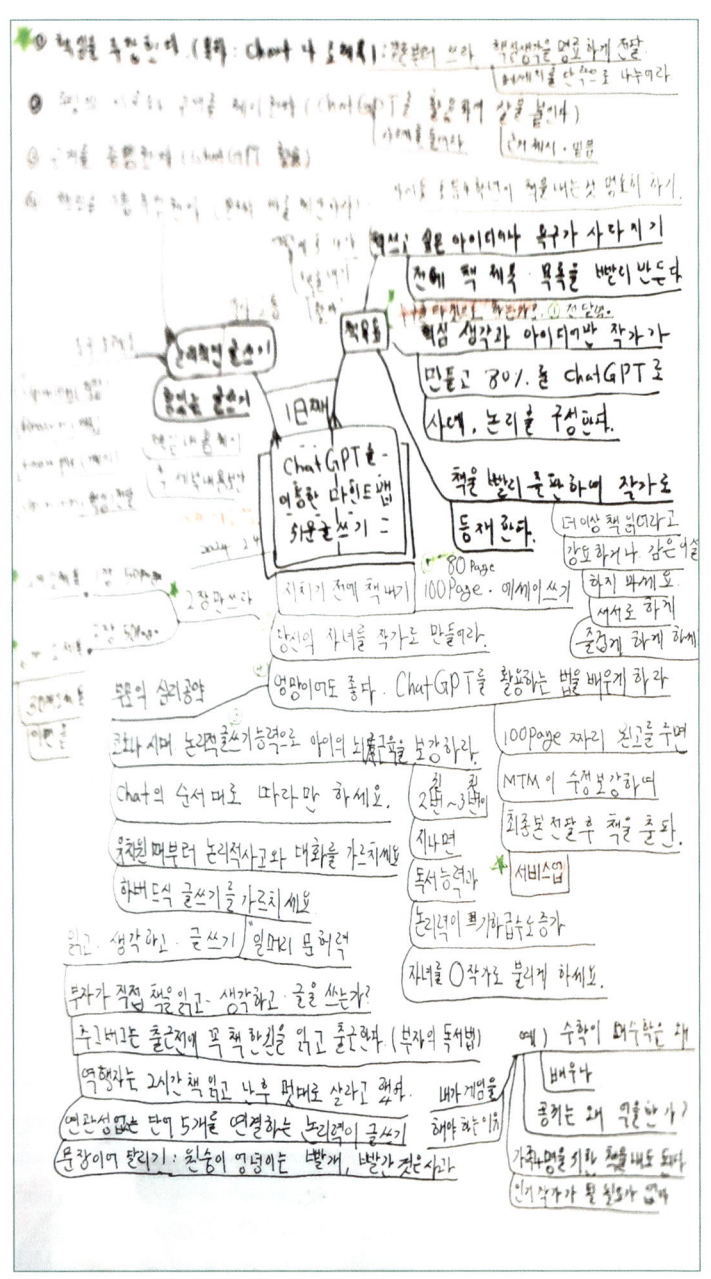

왼쪽은 제가 이 책을 처음으로 만들고자 할 때, 아이디어를 적은 마인드 맵을 활용한 A4용지입니다. 어떤 방식으로 중복이 되더라도 적어 나가면 한 줄 한 줄이 차트의 아이디어가 됩니다. 마인드맵은 아이디어를 시각적으로 정리하고 연결하는 데 효과적인 도구입니다. 아래는 마인드맵을 활용하여 아이디어를 정리하는 방법입니다.

주제 선택: 먼저 정리하고자 하는 아이디어나 주제를 선택합니다. 주제는 너무 넓지도, 너무 좁지도 않아야 합니다.

중심 키워드 작성: 마인드맵의 가운데에 해당하는 중심 키워드를 작성합니다. 이는 주제에 대한 핵심 개념이 될 것입니다.

주변에 분기 키워드 추가: 중심 키워드 주변에 주요 아이디어를 나타내는 분기 키워드를 추가합니다. 이러한 분기 키워드는 중심 키워드와 직접적으로 연결되어야 합니다.

하위 분기 키워드 추가: 각 분기 키워드마다 하위 분기 키워드를 추가하여 세부 아이디어를 더욱 구체화합니다. 이 단계에서는 여러 가지 아이디어를 추가하고 더욱 세부적으로 분류합니다.

연결 및 교차 링크: 유사한 아이디어나 연결된 개념을 중심 키워드 또는 해당 키워드와 연결된 다른 키워드 사이에 연결합니다. 이것은 마인드맵의 유기적인 흐름을 촉진합니다.

색상과 이미지 사용: 각 키워드나 분기에 색상이나 이미지를 사용하여 시각적으로 강조하고 기억에 남도록 만듭니다. 색상과 이미지는 아이디어의 구

분과 기억을 촉진합니다.

정돈과 재구성: 마인드맵을 작성하는 동안 아이디어가 더 발전하고 변화할 수 있습니다. 필요에 따라 키워드를 재배치하고 관련 없는 것들을 제거하여 마인드맵을 정돈합니다.

시각적 요소 활용: 화살표, 선, 박스 등의 시각적 요소를 사용하여 관련 아이디어 간의 연결을 강화하고, 중요한 아이디어를 강조합니다.

반복적인 검토: 마인드맵은 아이디어를 계속해서 발전시키고 새로운 아이디어를 추가할 수 있는 유연한 도구입니다. 주기적으로 마인드맵을 검토하고 업데이트하여 아이디어의 변화에 대응합니다.

공유와 협업: 마인드맵은 개인적인 아이디어 정리뿐만 아니라 팀 혹은 그룹과의 협업에도 유용합니다. 다른 사람과 마인드맵을 공유하고 함께 작업하여 아이디어를 공유하고 발전시킬 수 있습니다. 마인드맵을 활용하면 아이디어를 보다 구조적으로 정리하고 시각화 할 수 있으며, 창의적인 생각을 촉진하는데 도움이 됩니다.

이처럼 마인드맵은 단순한 아이디어 나열을 넘어, 복잡한 생각을 구조화하고 시각화 하는 데 큰 힘을 발휘합니다. 책을 집필하는 과정에서도 마인드맵을 통해 저의 아이디어를 정리하다 보니, 무엇이 제 것인지, 무엇이 챗GPT의 것인지 구분이 어려울 정도로 흥미로운 작업이었습니다. 이제 여러분도 마인드맵을 통해 상상력에 날개 달아보세요!

Chart 17. 첫날은 낙서하듯, 브레인스토밍을 즐기자!

Chart 18.
소제목의 힘: 글의 뼈대 만들기

책 쓰기를 시작하는 것은 어렵지 않아요. 아래 단계를 따라가며 차근차근 진행해 볼까요?

1. 마인드맵을 차트 형태의 소제목으로 변경하기 (Day 1~2)

첫날에 적은 마인드맵이나 브레인스토밍을 통해 아이디어를 떠올리고, 이를 간단한 형태의 습작으로 적습니다. **이제, 이 습작을 차트 형태의 소제목으로 하나씩 바꿔 보세요.** 예를 들어, 큰 주제를 중심으로 하위 주제들을 30개의 문장 형태로 만들어 보는 거죠. 이 30개의 소제목 중에서 하나씩 선택해 내용을 확장할 거예요.

2. 오레오 글쓰기 기법으로 소제목 확장하기

이제 소제목이 준비되었다면, **하버드식 '오레오 글쓰기 기법'을 사용**하여 내용을 채워 봅니다. 오레오 기법은 다음과 같이 진행됩니다:

- **주장:** 먼저 주제를 소개하고 주장하는 내용을 밝힙니다.

- **이유:** 왜 그런지 이유를 설명합니다.

- **근거:** 주장을 뒷받침하는 구체적인 사례나 논리를 추가합니다.

- **결론:** 마지막으로 주제를 다시 강조하며 글을 마무리합니다.

이 과정을 통해 아이의 글이 더 논리적이고 탄탄해지죠.

3. 챗GPT를 이용한 보완 작업

챗GPT는 글쓰기를 지원해주는 좋은 도구입니다. **글을 쓰며 이유와 근거가 더 필요할 때, 논리적 구성이나 문장을 다듬어야 할 때** 챗GPT의 도움을 받아보세요. 챗GPT는 글의 빈틈을 메워주고, 매끄러운 표현을 추가해 글을 완성도 높게 다듬을 수 있게 도와줍니다.

4. 소제목을 모아 차트 완성하기

각 소제목을 채우면서 하나의 완성된 차트가 만들어지면, 이런 차트를 30~40개 정도 모아 보세요. **이 차트들이 모여 전체 책의 큰 구조를 형성하게 됩니다.** 이제 한 장 한 장을 차근차근 완성해 나가면서 책을 완성해 봅시다.

5. 책의 성취감을 경험하기

100페이지 분량의 책을 목표로 할 경우, **8~10개의 소제목만으로도 충분합니다.** 처음부터 완벽을 기대하기보다는, 차근차근 단계를 밟아 나가며 글을 완성해가는 과정 자체가 큰 성취가 될 거예요.

다음은 제가 2일째 되는 날, 첫날의 마인드맵을 바탕으로 만든 29개의 소제목입니다. 이것의 순서대로 저는 하루하루를 채워 나갔습니다. 사실 적힌 날짜를 보면 알겠지만, 매일 20분조차 투자하지 못한 날도 많았고 날짜가 조금씩 띄엄띄엄 이어졌습니다. 그래도 괜찮습니다. 보세요, 결국 책을 완성하게 되었잖아요! 조금 게으를 수도 있어요. 아이가 중간에 조금 헤이해져도 괜찮습니다. 45일이 아니고, 60일이 걸려도 충분히 책을 낼 수 있잖아요! 그 과정에서 아이는 자연스럽게 이미 논리적인 사고와 근거 있는 주장을 펼치는 법을 배우고, 다른 책을 참조하며 글을 완성하는 법에도 익숙해질 것입니다.

소제목 30개

왼쪽 가지:

- 3.15 핵심을 주장하라. ①
- 3.19 주장의 의미와 근거를 제시한다. ②
  - 의견주장하기
  - (예) 아이들의 스몸비 폐해
  - 근거를 증명하라 (문파와 댓)
  - SNS로 소통하라 3.23
- 3.24 핵심을 거듭 강조 한다. ③ (18)
- 3.31 첫날: Brainstone으로 낙서 ④
  - 하듯이 아이디어를 퍼부어라
- 2일: 첫날의 스크립트로 몇개의 4.1
  - 책을 서점이나 인터넷에서 참조 ⑤
  - 30개 소제목을 적어라 (21)
- 소제목중 1/30억 글쓰기 ㉒
  - Chat GPT 활용법
- 소제목중 15/30 글쓰기 ㉓
  - 다른책을 적극참조 하기 (책읽기) ㉔
  - 2시간에 300 Page 책 읽기
  - 책 읽기도 스피드로 키워 나아라 ㉕
- 서문쓰기 (시작하며)
- 마지막을 쓰기 (마치며) ㉖
- 표지 디자인 하기 (그림) ㉗
- Word로 전자책으로 옮기기 ㉘
- 책사로 출판하기 ㉙

오른쪽 가지:

- ④ 비오는 날 교통사고와 치과 치료는 짬짬이 책을 쓰는 방해요인가? (요리와 글쓰기 / 야외활동과 / 떡볶이)
  - 5 마음 연결시키기 / 글쓰기의 몰입구
  - 누구를 타겟으로 하는가 (선생님,1명, 가족4명)
- 2.6 엄마 1명
- ⑥ 책을 2달안에 출판하여 작가로 등재
- 2.11 전자책 · 실물책
- ⑦ 글쓰는 시간을 가능하면 하루 1시간에서 2시간으로 제한하고, 45일안 출판 목표
- 2.12 논리적 글쓰기 · 논리적 사고 · 논리적 과학적
- ⑧ 근거로 소통하라. 연결성을 단어의 연결 · 문장이
- 2.14 아이에게 책을 읽어라, 강요하거나, 협박하거나, 댓가를 주려 마라. 엄마랑같이 책 읽자 아이라고
- ⑨ 책이 아닌, 유치원때부터 논리적 2.17 사고를 키워라
- 2.19 자녀를 이제 농담, 진담으로 O 작가라 고 불러라
- ⑩ 하버드 글쓰기로 아이의 논리력을 2.23 틀을 만들고, 엄마도 논리력 증강
- ⑪ 첫책은 엉망이고, 둘째 논리력이 부족 해도 2.24 좋아요, 2번 ~ 3번이 넘어가면 돼요
- ⑪ 왜!, 생각화 · 글쓰기 · 부자들의 2.25 학습법 / 책쓰기 플레임 / 궁리하는 아이로
- ⑫ 80 Page 만 채우면 된다. Chat GPT 3.6 시대 활용하라
- ⑬ 대학논문도 45일완, 날뛰는 침승이 잠재되라. 꾀독이
- 3.10
- ⑭ Chat 순서로 따라 해서 45일 안에 전자책 완성하기

Chart 18. 소제목의 힘: 글의 뼈대 만들기

책의 소제목 설정은 글의 뼈대를 잡고 독자가 쉽게 내용을 이해할 수 있도록 돕는 중요한 과정입니다. 아래와 같은 단계로 소제목을 구성하면 효과적입니다:

1. 본문 내용 파악

글의 주제와 주요 포인트를 이해하는 것이 첫걸음입니다. 핵심 내용이 무엇인지 명확히 하세요.

2. 핵심 포인트 식별

본문에서 다루는 중요한 아이디어나 메시지를 뽑아내어, 이들을 소제목으로 사용합니다.

3. 간결하고 명확한 표현 사용

소제목은 짧고 명확해야 합니다. 독자가 즉시 이해할 수 있도록 내용을 간결하게 요약하세요.

4. 글의 구조와 흐름 고려

소제목을 구성할 때는 글의 순서를 고려하고, 자연스럽게 이어지도록 배치하여 독자가 읽기 쉽게 만듭니다.

5. 창의성 발휘

독자의 관심을 끌기 위해 흥미롭고 호기심을 자극하는 표현을 사용하세요.

예시: '건강한 식습관' 주제의 소제목

- **문제 제기:** 현대 사회에서의 식습관 문제, 비정상적인 식습관의 영향

- **원인 분석:** 스트레스와 식습관의 관계, 광고와 환경의 영향

- **건강한 식습관 소개:** 균형 잡힌 식단의 중요성, 건강한 간식 대안

- **실천 가능한 해결책 제시:** 식습관 개선을 위한 팁, 건강한 계획 수립

- **결과와 효과:** 건강한 식습관의 긍정적 영향, 생활 변화로 얻는 이점

결론: 소제목 설정이 전체 글의 뼈대를 잡아주며, 이 구조를 통해 내용을 채워가는 것이 글쓰기의 중요한 첫걸음입니다. 소제목이 잡히면 책의 절반은 완성된 것과 마찬가지입니다. 이렇게 설정한 소제목에 따라 내용만 차근차근 채워가면, 완성도 높은 글이나 책이 탄생하게 됩니다.

주제에 대한 소제목을 작성하는 것은 글의 구조를 명확하게 하고, 독자가 글을 이해하는 데 도움이 됩니다. 아래는 "초등학교 반장선거"라는 주제에 대한 소제목 예시입니다.

반장의 역할과 중요성: 반장이란 무엇인지, 그리고 그들이 학급 내에서 어떤 역할을 하는지에 대한 설명을 포함합니다.

반장선거 준비하기: 반장선거를 준비하는 방법과 필요한 자질에 대해 다룹니다.

공약 추천: 반장선거에서 제시할 수 있는 다양한 공약 아이디어를 제공합니다.

연설문 작성 및 발표: 효과적인 연설문을 작성하고 발표하는 방법에 대해 설명합니다.

반장선거 꿀팁: 반장선거에서 성공할 수 있는 다양한 팁을 제공합니다.

저는 300페이지에서 400페이지 분량을 목표로 해서 30개에서 40개의 소제목을 만들었지만, 우리 아이는 더 간단하게, 8~10개의 소제목만으로도 충분히 100페이지가 넘는 책을 완성할 수 있습니다. 100페이지 정도만 되어도 책의 두께가 충분합니다. 이 경험을 통해 아이는 성취감을 느끼고, 논리적이고 체계적인 글쓰기의 기쁨도 알게 될 것입니다.

Chart 19.
부족한 부분은 서점의 책을 참조하지

　인터넷을 찾아보면 유사한 책도 있고, 다른 제목을 참조할 책은 분명히 있습니다. 유사한 책이 있다고 실망하지 마세요. 우리는 기존의 책을 뛰어넘는 '완벽한 책'을 목표로 하기보다는, 그들이 놓친 부분을 보완하고 새로운 시각으로 독자에게 더 큰 만족을 줄 수 있는 책을 만들면 됩니다.여기서 책 읽기가 자연스럽게 가능해집니다. 서점에 가거나 도서관에 가서 다양한 책들을 참조하세요. 글을 쓰기 위해 필요한 정보를 빠르고 정확하게 찾아내어 참조하고 활용하는 방법은 다음과 같습니다:

　1. **목표 설정**: 우선 내가 쓰려는 주제와 그 목표를 명확히 합니다. 무엇을 쓰고자 하는지, 필요한 정보가 무엇인지를 명확히 이해하는 것이 중요합니다.

　2. **적절한 책 찾기**: 주제와 관련성이 높은 책을 찾아야 합니다. 온라인 서점이나 도서관에서 관련 키워드로 검색하여 적합한 책을 찾아봅니다.

　3. **목차 및 색인 확인**: 책을 소개하는 목차와 색인을 살펴보면 전반적인 내용을 파악할 수 있습니다. 필요한 정보가 어디에 있는지, 어떤 장이

나 섹션에서 찾을 수 있는지를 파악합니다.

4. 스캔 및 요약: 필요한 정보를 빠르게 찾기 위해 책을 스캔하고 중요한 부분을 요약합니다. 요약을 통해 주요 아이디어와 내용을 파악할 수 있습니다.

5. 중요한 부분 집중해서 읽기: 필요한 정보가 있는 부분을 자세히 읽습니다. 이 때에는 주의 깊게 읽고, 필요한 부분을 메모하거나 하이라이트 표시를 남겨 중요한 정보가 한눈에 들어오도록 하는 것이 도움이 됩니다.

6. 정보의 활용: 책에서 얻은 정보를 활용하여 자신의 글에 적용합니다. 인용이나 참고 자료를 정확히 표기하고, 필요한 경우 추가적인 연구나 검증을 거쳐 정보의 신뢰성을 확인합니다.

7. 참고 자료 목록 작성: 마지막으로, 글에 활용할 책들을 모아 참고 자료 목록을 작성합니다. 이는 독자들이 더 깊이 있는 내용을 탐구하고 싶을 때 도움이 됩니다.

이러한 단계를 따르면 효율적으로 책을 참조하여 글을 쓸 수 있습니다.

Chart 20.
챗GPT, 숨겨진 힘을 200% 끌어내기

앞서 이야기한 것처럼, 미래, 특히 우리 아이가 살아갈 세상에서는 챗GPT를 활용하는 사람들과 그렇지 않은 사람들이 뚜렷하게 구분될 것입니다. 기술이 점점 더 발전하면서, 챗GPT와 같은 인공지능 도구는 일상생활과 학습, 업무 전반에 걸쳐 중요한 역할을 하게 될 것입니다. 이로 인해 챗GPT를 잘 활용하는 사람들은 더 효율적이고 창의적으로 삶을 살아가게 될 것이며, 이를 활용하지 않는 사람들은 변화에 뒤처질 위험이 커질 것입니다.

대부분의 사람들은 이세돌과 인공지능의 대결을 보고, 언론과 전문가들은 앞으로 인공지능이 빼앗아 갈 일자리와 업무에 대하여 이야기하고 있습니다. 하지만 저는 그렇게 생각하지 않습니다. 앞으로의 미래는 누가 인공지능을 잘 사용해서 자신의 업무와 학습, 논리력을 키우느냐에 달려 있다고 생각합니다. 만약에 천재같은 우리 아이가 이세돌과 바둑으로 대결을 하면 누가 이길까요. 하하. 농담하느냐고 말씀하시겠지만 다른 가정을 해볼게요. 만약 우리 아이와 인공지능이 한팀이 되어 이세돌과 바둑을 대결 한다면 누가 이길까요? 이것도 답이 나와 있겠죠. 당연히 우리 아이가 이깁니다. 바둑으로 바둑의 천재인 이세돌과 우리 아이가 대결에서 이긴다는 것은 이것이 인간이 챗GPT를 사용하는 것과 사용하지 않는 것을 극명하게 보여 주는 것입니다.

우리 아이와 인공지능(AI)이 한 팀이 되어 이세돌과 바둑 대결을 한다면, 결과는 여러 가지 변수에 따라 달라질 수 있습니다. 하지만, AI의 발전 수준과 이세돌의 바둑 실력을 고려했을 때 몇 가지 가능성을 분석해 볼 수 있습니다.

1. AI의 수준에 따라 달라지는 결과

AI 바둑 프로그램의 수준에 따라 결과는 크게 달라집니다. 예를 들어, 알파고 수준의 AI라면, 이세돌을 이길 확률이 높습니다. 실제로 2016년 이세돌과 알파고의 대결에서 알파고가 4승 1패로 승리한 전례가 있습니다. 그 당시 알파고는 인류 최고 수준의 프로 바둑 기사와 대등하거나 더 뛰어난 실력을 보여주었습니다.

2. '아이 + AI' 팀의 장점

아이와 AI가 팀을 이루는 경우, 아이가 단독으로 대국하는 것보다 전략적 판단에서 이점을 가질 수 있습니다.

AI의 수읽기: AI는 수천 수를 미리 계산하고 최적의 수를 선택할 수 있습니다.

아이의 창의성: 반면, 아이는 AI가 예측하지 못한 독창적인 수를 둘 수 있어 AI의 분석을 보완할 수 있습니다.

하지만, 바둑은 고도의 집중력과 경험이 필요한 게임이기 때문에 아이가 AI의 조언을 얼마나 잘 이해하고 활용할 수 있는지가 관건입니다.

3. 이세돌의 인간적 직관과 경험

이세돌은 전 세계적으로 인정받는 프로 바둑 기사로, 특히 직관적 판단력과 창의적인 수읽기에 탁월합니다. 이세돌은 인간적인 심리전과 직관을 통해 AI와의 대국에서도 한 차례 승리한 바 있습니다(AlphaGo 와의 4번째 대국).

결론으로 이야기하면

AI 수준이 높을수록: (예를 들어, 알파고나 그 이상의 최신 AI) 이세돌이 이기기 어렵습니다.

앞으로의 미래는 누가 인공지능(AI)을 잘 활용하여 자신의 업무, 학습, 그리고 논리력을 키우는가에 크게 달려 있습니다. AI 기술의 발전은 우리 사회와 개인의 삶에 큰 변화를 가져오고 있으며, 이를 어떻게 활용하느냐에 따라 개인과 조직의 경쟁력이 크게 달라질 것입니다. 몇 가지 중요한 관점을 살펴보겠습니다.

1. AI를 활용한 업무 생산성 향상

자동화 및 효율성 증대: AI는 반복적인 작업을 자동화하고, 방대한 데이터를 분석하여 인사이트를 도출하는 데 탁월합니다. 예를 들어, AI를 활용한 자동 보고서 작성, 고객 지원 챗봇, 재고 관리 시스템 등이 이미 많은 기업에서 사용되고 있습니다.

창의적 문제 해결: AI는 단순히 빠르게 일처리를 하는 것을 넘어서, 새로운 아이디어를 제시하거나 창의적 해결책을 제안하는 데도 도움을 줍니다. 이로 인해 인간은 더 복잡하고 창의적인 문제에 집중할 수 있습니다.

2. AI를 통한 학습 및 개인 역량 강화

개인 맞춤형 학습: AI는 학습자의 수준과 취약점을 분석하여 맞춤형 학습 경로를 제공합니다. 이를 통해 효율적으로 학습할 수 있으며, 더 빠른 속도로 지식을 습득할 수 있습니다. 예를 들어, 듀오링고(Duolingo)와 같은 언어 학습 앱은 AI를 활용하여 사용자의 학습 패턴을 분석하고 최적의 학습 플랜을 제공합니다.

지능형 튜터: AI 기반의 가상 튜터는 개별 학생의 학습 속도와 스타일에 맞게 수업을 조정할 수 있어, 개인화된 교육을 가능하게 합니다.

3. 논리력과 문제 해결 능력 강화

데이터 기반 의사결정: AI는 복잡한 문제를 해결하기 위해 방대한 데이터를 분석하여 최적의 결정을 내릴 수 있도록 도와줍니다. 이 과정에서 인간은 논리적인 사고력을 기르고, 데이터 해석 능력을 키울 수 있습니다.

코딩 및 AI 이해 능력: AI를 이해하고 활용하는 능력은 앞으로 중요한 역량이 될 것입니다. 코딩 뿐만 아니라, AI 모델을 설계하고 활용하는 능력은 논리적 사고와 문제 해결 능력을 크게 향상시킵니다.

4. 미래 인재의 핵심 역량: AI와 협력하는 능력

AI와 협업하는 능력: 단순히 AI를 사용하는 것을 넘어, AI와 협력하여 더 나은 결과를 도출하는 능력이 중요해질 것입니다. 예를 들어, 디자이너가 AI를 활용해 디자인 시안을 자동으로 생성하거나, 의사가 AI를 통해 진단 정확도를 높이는 방식입니다.

평생 학습: 기술 변화 속도가 빠른 만큼, 지속적으로 학습하고 AI를 활용하여 자신의 능력을 확장하는 자세가 중요합니다.

5. 미래의 승자는?

결국, AI를 도구로 삼아 자신의 강점을 강화하고, 부족한 부분을 보완할 수 있는 사람이 미래의 승자가 될 것입니다. AI는 단순히 인간을 대체하는 것이 아니라, 인간의 능력을 증폭시키는 도구로 작용합니다. 따라서 AI를 어떻게 활용하고, 이를 통해 자신의 창의성, 문제 해결 능력, 학습 능력을 확장하느냐에 따라 개인과 조직의 성공이 결정될 것입니다.

즉, AI는 선택이 아닌 필수가 되어가고 있으며, 이를 얼마나 잘 활용하는지가 미래 경쟁력의 핵심이 될 것입니다.

챗GPT의 숨겨진 힘 중 또 다른 힘은 창작에 관한 도움을 준다는 것입니다.

챗GPT를 활용하면 단순한 글쓰기 도우미 역할을 넘어, 전문 작가와 같은 지원을 받을 수 있는 수준입니다. 중요한 것은 적극적으로 질문하고 다양한 기능을 실험하는 것입니다. 글쓰기 과정에서 챗GPT를 창의적인 협업 도구로 활용한다면, 훨씬 더 효과적으로 글을 완성할 수 있습니다.

위와 같은 방법으로 책을 만드는 논리적인 글쓰기를 하는 모든 분야에서 챗GPT는 우리 아이의 이해도가 높으면 높을 수록, 이세돌 수준을 넘어서는 바둑 능력과 같은 전문 작가의 수준으로 올려 줄 것입니다.

Chart 21.
형식에 얽매이지 말고 자유롭게 쓰자

소제목 30 차트 중에서 앞의 10줄의 글을 쓰기 어려울 때는 다른 책의 소제목이나 책의 일부를 읽고 참조하면 됩니다. 걱정하지 마세요. 당신이 내려고 하는 책은 이미 10권 이상 나와 있습니다. 그것이 정밀하지 못하거나 지루하기 때문에 당신이 모르는 것뿐입니다. 하지만 그런 책 속에도 충분히 참조할 내용과 아이디어는 많습니다.

저의 책과 유사한 책들은 다음과 같습니다.

"챗GPT 글쓰기 나만의 글쓰기 스타일 만드는 법"

"챗GPT로 전자책 자동수익화 만들기"

"챗GPT와 글쓰기"

이처럼 많은 책이 나와 있지만, 이 책들을 읽기도 어렵고 글쓰기는 더 어렵습니다. 아이에게 이 일을 시킨다면 학교를 포기하고 이 일만 해야 할 정도로 쉽지 않을 것입니다. 이 책은 챗GPT를 초등학생도 쉽게 활용하고, 논리적인 글쓰기도 쉽게 할 수 있는 방법을 설명하기 위해 중점을 두었습니다. 세 문장 정도만 아이에게 표현하게 하고 나머지는 챗GPT

를 활용해서 채우고, 필요하면 아이나 엄마가 일부 수정해 주면 될 것입니다.

자, 그렇다면 챗GPT가 책 쓰기 과정에서 얼마나 훌륭한 파트너가 될 수 있을지 살펴봅시다. 아래에 몇 가지 유용한 사용 예를 들어볼게요.

1. 주제조사

예를 들어, 우리 책이 '환경 보호'라는 주제를 다루고 있다고 해봅시다. 챗GPT에 "지구 온난화가 심화되면 어떤 영향이 있는지 알려줄래?"라고 물어보세요. 그러면 환경 문제와 관련된 간략한 배경 정보를 빠르게 얻을 수 있습니다. 이렇게 조사 과정을 쉽게 끝내고 바로 다음 단계로 넘어갈 수 있죠.

2. 개념 설명

어려운 개념을 아이가 이해하기 쉬운 표현으로 바꾸고 싶다면? "온실가스란 뭐야?"라고 물어보세요. 챗GPT는 간단하게 '지구를 따뜻하게 만드는 가스'라는 식으로 설명해줍니다. 복잡한 개념을 간결하게 풀어내는 데 정말 큰 도움이 됩니다.

3. 질문과 답변

책에서 '자주 묻는 질문'이나 독자들이 궁금해할 내용을 정리할 때도 유용합니다. 예를 들어, 챗GPT에게 "환경 보호를 위해 일상생활에서 쉽게 실천할 수 있는 방법은 뭐가 있을까?"라고 물어보면 다양한 실천 방법을 제안해 주니까, 책에 적절히 활용하기 좋습니다.

4. 아이디어 브레인스토밍

책의 소제목을 정하거나 새로운 아이디어가 필요할 때도 챗GPT가 도움을 줍니다. 예를 들어, '환경 보호'라는 큰 주제를 다양한 각도에서 접근해 보고 싶다면, "환경 보호와 관련된 재미있는 소제목 아이디어를 줘" 라고 요청할 수 있어요. 다양한 소제목을 자동으로 제안 받으니 고민할 필요가 없겠죠?

5. 스타일과 톤 조정

책이 너무 딱딱 해지는 것 같다면 챗GPT에게 "이 내용을 조금 더 재미있게 바꿔줘" 라고 해보세요. 그러면 친근하고 읽기 쉬운 문체로 자연스럽게 조정해줍니다.

6. 참고 문헌

챗GPT는 특정 주제에 대한 일반적인 지식을 제공할 수 있지만, 정확한 참고 문헌이나 인용 정보는 챗GPT가 제공하지 않습니다. 따라서 챗GPT를 사용하여 일반적인 정보를 얻은 후, 정확한 참고 문헌은 전문적인 자료나 데이터베이스를 통해 확인하는 것이 좋습니다.

이러한 방법으로 챗GPT를 활용하면 책을 쓰거나 참조하는 과정에서 유용한 정보를 얻을 수 있습니다. 챗GPT는 다양하고 광범위한 지식을 제공할 수 있지만, 최종 참조 및 인용을 위해서는 항상 전문적인 출처를 확인하는 것이 중요합니다.

독자분들은 위의 내용이 전혀 아이들 글쓰기에 도움이 되지 않는다고 불평할 수도 있습니다. 맞습니다. 하지만 출판된 책을 자세히 살펴보면, 수십 년 동안 연구한 500페이지짜리 책의 유용한 부분이 70% 이상인 경우도 있지만, 그 안에서도 핵심 내용이 얼마나 될까요? 많은 유명 작가들이 매년 내놓는 책들 중에는 30% 이상이 실제로 사용할 수 없는 수준의 장황하고 원론적인 글이 포함되어 있습니다.

예를 들어, 거시경제학 관련 책이 실전에 유용한가요? 과연 그런 내용으로 투자를 할 수 있을까요? 저는 이런 내용은 술자리 가십거리로 이야기할 수 있는 교양 수준에 그친다고 생각합니다.

따라서 우리 아이의 책도 100% 완벽한 내용을 담을 필요가 없습니다. 전체의 20% 정도만 아이의 생각과, 경험을 담고, 나머지는 표준적인 의견과 논리적인 내용을 포함하면 충분합니다. 챗GPT의 도움을 적극 활용할 수 있습니다.

앞서 말한 대로, 소제목과 챗GPT의 논리적 근거 자료는 뉴스, SNS, 유튜브 등을 통해 찾아볼 수 있으며, 도서관이나 중고서점, 대형서점에 들러 30분 정도 참조 자료나 아이디어를 찾는 것도 좋은 방법입니다. 이러한 방법을 통해 아이는 자신만의 독창적인 글을 써낼 수 있을 것입니다.

Chart 22.

300페이지 책 읽기? 2시간이면 충분하다

하루 24시간 중 우리는 얼마나 많은 시간을 책을 읽는데 투자할까요? 아마도 대부분은 "그 많은 페이지를 다 읽어야 해?"라며 의문을 가질 것입니다. 하지만 사실, 300페이지짜리 책도 2시간이면 충분히 읽을 수 있다는 점, 믿으시겠어요? 오늘은 그 방법을 재미있고 흥미롭게 풀어 볼게요!

한 권의 책으로 많은 것을 배운다

우리에게는 글쓰기의 기본기를 다져줄 훌륭한 책들이 많습니다. 예를 들어 하버드대의 **글쓰기 법**이나 **"우리 아이 글쓰기"** 같은 책은 정말 유용하죠. 이 책들 한 권만 제대로 이해하면, 그 다음부터는 다른 책을 빠르게 읽고 필요한 내용을 뽑아낼 수 있습니다. 마치 한 권의 책으로 글쓰기의 틀을 잡고, 나머지 책들은 참고서처럼 활용하는 거예요!

300페이지의 진실

이제 300페이지짜리 좋은 책을 읽어볼까요? 한 번 읽어보면, 대부분의 책이 중요한 내용을 반복하고 있다는 것을 알게 됩니다. 사실 1시간이나 2시간 안에 이 책의 핵심적인 내용을 80% 이상 습득할 수 있어요! 특별한 속독법이 필요 없답니다. 페이지를 모두 읽어야 할 필요는 없어요. 한 페이지에서 한두 문장만 쏙쏙 골라 읽거나, 첫 문장만 읽고 넘어가세요. 그럼에도 불구하고 70% 이상의 내용을 이해할 수 있을 것입니다. 이렇게 빠르게 읽으면 집중력도 쑥쑥 올라갑니다!

독서의 즐거움

책을 다 읽고 나면, 하루에 한 권을 읽었다는 성취감이 느껴져 자존감이 높아집니다. "와, 나 오늘 책 한 권 읽었어!"라는 생각이 드는 거죠. 이 느낌이 중요합니다. 그리고 이런 작은 성취가 쌓이면, 더 많은 책을 읽고 싶은 욕구가 생기게 됩니다.

챗GPT를 활용한 독서

이제 챗GPT의 도움을 받아볼 차례입니다. 챗GPT에 책 제목만 검색해보세요. 금방 **논리적인 글쓰기를 향상시키기 위한 10권의 책 목록**이 나올 거예요. 그 중 일부는 다음과 같습니다:

1. **"The Elements of Style"** - 명확하고 간결한 글쓰기의 기본 규칙을 알려줍니다.

2. **"On Writing Well"** - 논리적 글쓰기의 원칙과 명료한 표현을 강조합니다.

3. **"Thinking, Fast and Slow"** - 인간의 사고 방식을 이해하고 논리적인 글쓰기에 적용하는 법을 다룹니다.

4. **"Bird by Bird"** - 창의적이고 논리적인 글쓰기를 탐구하며 재미있는 일화를 제공합니다.

5. **"Writing Tools: 50 Essential Strategies for Every Writer"** - 실용적인 팁과 도구를 통해 논리적 글쓰기를 돕습니다.

이처럼 다양한 책들이 존재하지만, 중요한 것은 그 책들이 전달하는 메시지와 아이디어를 빠르게 파악하고 활용하는 것입니다. 챗GPT를 활용해 이 책들을 정리해보거나, 필요한 정보를 추출해보세요. 그러면 더욱 효과적으로 글쓰기 기술을 향상시킬 수 있습니다

300페이지의 책도 2시간이면 충분합니다. 이제 그 비법을 활용해 보세요. 훌륭한 책들을 손쉽게 읽어내고, 글쓰기의 즐거움을 느끼며 잠재력을 마음껏 발휘해 볼 수 있습니다.

아이들의 논리적 글쓰기 능력을 향상시키기 위해서는 다양한 장르와 주제의 책을 읽는 것이 도움이 됩니다. 특히 논리적 사고와 비판적 사고를 촉진할 수 있는 책을 선택하는 것이 중요합니다. 다음은 아이들의 논

리적 글쓰기 능력을 향상시키는 데 도움이 될 수 있는 한국어 책 10권입니다.

이번에도 챗GPT의 도움을 받아볼까요?

1. **'세계사를 뒤흔든 7가지 약' - 정승규:** 세계사 속에서 중요한 역할을 한 약에 대한 이야기를 통해 아이들이 과학과 역사에 대한 논리적 이해를 키울 수 있습니다.

2. **'과학을 읽는 시간' - 임정은:** 다양한 과학 주제를 다루는 이 책은 과학적 사실을 기반으로 논리적 글쓰기를 할 수 있도록 도와줍니다.

3. **'어린이 논리력 향상 프로젝트' - 김은하:** 논리력과 문제해결 능력을 향상시키는 데 도움이 되는 책으로, 다양한 논리 문제를 다룹니다.

4. **'논리로 풀어보는 어린이 수수께끼' - 송은지:** 수수께끼를 풀면서 논리적 사고를 향상시키고, 이를 바탕으로 글쓰기 능력을 향상시킬 수 있습니다.

5. **'한 권으로 읽는 한국사' - 장성우:** 역사적 사건들을 논리적으로 이해하고 설명하는 연습을 할 수 있는 책입니다.

6. **'창의력을 키우는 그림 그리기' - 이영수:** 글쓰기와 그림 그리기를 결합한 책으로, 창의력과 논리적 사고를 동시에 향상시킬 수 있습니다.

7. **'논리로 생각하고 글쓰기' - 박재홍:** 논리적 사고를 기반으로 글쓰기를 연습할 수 있는 가이드북으로, 다양한 예제와 연습 문제가 포함되어 있습니다.

8. **'과학 탐험대' - 김지연:** 과학과 논리적 사고를 결합하여 다양한 과학 주제에 대한 이해와 논리적 글쓰기 능력을 향상시킬 수 있는 책입니다.

9. **'논리와 설득의 기술' - 이성규:** 논리적인 설득 기술과 그 응용에 대해 다루는 책으로, 아이들의 논리적 글쓰기 능력을 키우는 데 도움이 됩니다.

10. **'어린이 역사 탐험' - 이은정:** 역사적 사건과 인물에 대한 이야기를 통해 아이들이 논리적으로 사고하고 글쓰기 능력을 향상시킬 수 있도록 돕습니다.

이 책들은 어린이들의 논리적 글쓰기 능력을 향상시키는 데 도움이 되며, 다양한 주제를 통해 아이들의 호기심을 자극하고 비판적 사고를 촉진할 수 있습니다.

어떤가요? 이렇게 챗GPT를 활용하고 또 활용하면 충분히 논리적, 합리적인 글을 완성하고 아이와 엄마가, 그리고 전문가가 책 출판을 위해서 보정 작업을 하면 우리 아이도 작가로 등재될 수 있지 않겠습니까?

특히, 입시를 준비하는 학생들에게 책 출간이 면접에서 큰 도움이 될 수 있습니다. 아이가 직접 작성한 책은 생활기록부에 표기되거나 면접 때 발언의 깊이와 이해도를 높여주어, 면접관에게 설득력 있는 주장을 펼칠 수 있도록 도와줍니다. 특목고나 자사고 및 대학입시를 준비하는 학생들이 있다면 꼭 추천하고 싶은 방법입니다.

이렇게 아이들의 글쓰기 능력을 키우고, 자신감을 심어줄 수 있는 기회를 놓치지 마세요!

Chart 23.
초보 작가를 위한 챗GPT 멘토링 팁

글을 쓰다가 생각이 막힐 때가 있어요. 처음엔 멋지게 시작했는데 중간에 갈 길을 잃거나, 문장 하나를 두고 머릿속에서만 굴리다 보면 자연스러운 표현이 떠오르지 않을 때도 있죠. 이럴 때 챗GPT가 마치 글쓰기 멘토처럼 옆에서 도움을 줄 수 있답니다. 챗GPT는 혼자 끙끙대지 않고 글쓰기를 즐길 수 있도록 다양한 아이디어와 표현을 제시해 주는 '작가 친구' 같은 존재랍니다.

예시 1: 스토리 전개에 막혔을 때

한번은 주인공이 비밀스러운 문을 발견한 장면을 쓰다가 막혔다고 생각해보세요. "이 문 뒤에는 무엇이 있을까?" 고민이 되죠. 이럴 때 챗GPT에게 물어보세요. "주인공이 문을 열었을 때 나타날 수 있는 흥미로운 장면이 있을까?" 하고요. 그러면 챗GPT가 "그 문을 열자마자 바람이 불어오면서 먼지가 뿌옇게 날리고, 어딘가 낡은 책들이 가득한 도서관이 나타나요. 책들이 소곤거리듯 속삭이는 소리가 들려와요." 같은 식으로 제안할 수 있어요. 갑자기 이야기가 생생해지면서 다음 전개가 떠오르죠. 이런 식으로 챗GPT는 때때로 생각하지 못한 멋진 장면을 떠올리게 해준답니다.

예시 2: 표현을 매끄럽게 다듬고 싶을 때

글을 쓸 때 가끔 문장이 어색하게 느껴지거나 너무 단조롭게 들리기도 해요. "나는 산에 갔고 나무를 봤다"라는 문장을 챗GPT와 함께 조금 더 생동감 있게 바꿔볼까요? 챗GPT에게 "이 문장을 자연스럽고 생동감 있게 바꿔줘"라고 요청해보세요. 그러면 "나는 산길을 따라 걸어가다 울창한 나무들 사이로 푸른 향기가 가득한 공기를 마셨다"라는 식으로 더 매끄럽고 풍부한 표현을 제안해 줄 수 있어요. 마치 내가 산을 걷는 듯한 기분이 들죠. 이렇게 챗GPT는 글을 보다 흥미롭게 만들 수 있도록 표현을 다듬는 데 큰 도움이 됩니다.

예시 3: 감정 표현이 어려울 때

글을 쓸 때 주인공의 감정을 표현하는 것도 어렵게 느껴질 수 있어요. 예를 들어, 주인공이 무서운 장면을 마주한 순간이라면, 단순히 "나는 무서웠다"라고 쓰기보다는 그 감정을 독자가 더 깊이 느낄 수 있게 만들고 싶죠. 챗GPT에게 "주인공이 무서움을 느끼는 장면을 더 생생하게 표현 해줘"라고 요청해보세요. 그러면 챗GPT는 "주인공의 심장이 쿵쿵 뛰기 시작했고, 숨을 쉴 때마다 차가운 공기가 목구멍을 스쳤다. 손바닥에는 땀이 배어 나왔고, 뒤에서 누군가의 눈빛이 느껴지는 듯했다" 같은 생생한 묘사를 해줄 수 있어요. 이렇게 주인공의 감정을 더 깊이 표현하면 독자도 그 감정에 몰입할 수 있답니다.

챗GPT는 언제든지 글쓰기에 필요한 다양한 도움을 줄 수 있습니다. 마치 가까이서 나만의 글쓰기 친구가 함께하는 것처럼요. 글의 방향이 막혔을 때, 표현이 어색하게 느껴질 때, 또는 감정이 더 살아나게 만들고 싶을 때 챗GPT와 함께라면 창작이 훨씬 수월해질 겁니다.

Chart 24.

가족이 함께하는 작가도전기, 이보다 더 재미있을까?

 우리 아이, 아빠, 엄마가 함께 모험 소설이나 판타지 소설을 쓰는 과정은 평생 기억에 남을 아름다운 추억이 될 것입니다. 학원에서 책 읽기를 강요하고 논리적 글쓰기를 배우는 것에 그치지 않고, 가족이 각자의 아이디어를 발전시켜 한 권의 책을 만들어보는 이 여정은, 아이가 관심 있는 동물, 식물, 게임 등의 주제로 이야기를 꾸며 나가며 논리적 사고와 글쓰기를 자연스럽게 배울 수 있는 좋은 기회가 됩니다.

 "가족이 함께 작가에 도전한다면 어떨까요?" 평소 대화 속에 스쳐 지나갔던 이 질문은 어느 날 저녁 식탁에서 진지하게 논의되기 시작했습니다. 우리 가족은 각자 다른 개성과 취향을 가졌지만, 모두 책 읽기를 좋아하고, 이야기를 만드는 즐거움을 알고 있습니다. 다양한 개성을 가진 우리 가족이 공동의 목표로 글을 써본다면 어떤 일이 펼쳐질지 호기심과 기대 속에서 이 도전을 시작했습니다.

1. 작가 도전의 첫걸음: 아이디어 브레인스토밍

첫 단계는 아이디어 브레인스토밍이었습니다. 주말 아침, 거실에 둘러앉아 각자 원하는 이야기를 나눠보는 시간을 가졌습니다. 엄마는 로맨스 소설, 아빠는 미스터리 스릴러, 아이들은 판타지 모험 이야기를 원했습니다. 처음에는 서로 다른 장르와 주제였지만, 이를 하나로 엮기 위해 상상력을 발휘했습니다. 때로는 아이들의 엉뚱한 발상이 이야기를 새롭게 전개시키는 역할을 했습니다.

큰아들이 제안한 "시간을 거슬러 과거로 돌아가는 여행 이야기"는 아빠가 "그럼 조선 시대에 떨어진다면 어떨까?"라는 아이디어로 확장됐고, 엄마는 여기에 "미래에서 온 주인공이 조선 시대 친구들에게 현대 기술을 소개하는 장면"이라는 따뜻하고 신나는 요소를 더해주었습니다.

이렇게 서로 다른 아이디어가 하나로 합쳐지면서, 우리 가족만의 따뜻하고 흥미로운 이야기가 만들어졌습니다.

2. 가족 역할 분담: 작가 팀 구성

작가가 되기 위해 각자 역할을 나눴습니다. 엄마는 감정이 풍부한 대사와 인물 간 관계를, 아빠는 복잡한 플롯과 반전을, 큰딸은 이미지 삽화를, 막내아들은 캐릭터 이름 짓기를 맡았습니다. 저는 이 모든 것을 하나로 엮어 편집과 교정을 맡았죠. 이 과정에서 각자의 개성과 능력을 존중하면서 하나의 목표를 향해 협력하는 방법을 배웠습니다. 때로는 의견이 충돌했지만, 그럴 때마다 가족 회의를 통해 문제를 해결했습니다. 우리 이야기 속에는 가족의 다양한 목소리가 담겼습니다.

3. 글쓰기 과정의 도전과 즐거움

글쓰기 과정은 생각보다 쉽지 않았습니다. 주말마다 모여 공동 집필 시간을 가졌고, 커다란 화이트보드를 펼쳐 놓고 다음 장면의 전개를 논의했습니다. 대화를 나누다 보면 웃음이 터지기도 하고, 가끔은 진지한 논쟁이 벌어지기도 했습니다.

가족 모두 자신의 아이디어가 반영되길 원했기에 중간에 충돌이 있었지만, 그런 순간들은 오히려 우리 가족을 더 단단하게 만들었습니다. 글쓰기를 통해 서로의 생각을 이해하고, 타협하는 법을 배우는 시간이었습니다.

4. 책이 아닌 우리만의 추억 만들기

초안을 완성한 후, 우리는 직접 소책자 형태로 인쇄해 가족, 친구들에게 선물하기로 했습니다. 출판사에 맡기지는 않았지만, 완성된 책에는 우리 가족의 추억과 노력이 고스란히 담겼습니다. 엄마의 감동적인 장면, 아빠의 예상치 못한 반전, 아이들의 상상력이 녹아 있는 삽화까지, 이 책은 우리 가족만의 특별한 작품이 되었습니다.

가족이 함께하는 창작의 힘

작가 도전기를 통해 우리는 단순히 글을 쓰는 것 이상의 경험을 얻었습니다. 서로의 아이디어를 존중하고, 의견을 조율하며 더 끈끈한 팀이 되었습니다. 글쓰기가 가족을 하나로 묶어주는 강력한 힘이 있다는 사실을 깨달은 것이죠. 가족이 함께 작가에 도전하는 것은 단순히 이야기를 만드는 것을 넘어, 서로를 이해하고 함께 성장하는 소중한 시간이 되었습니다.

다음 프로젝트를 향하여

이제 우리는 새로운 프로젝트로 추리 소설에 도전할 계획입니다. 다시 한 번 거실에 모여 아이디어를 나누고 있는 우리 가족은 이 도전이 얼마나 이어질지 모르지만, 중요한 것은 함께하는 시간과 즐거움입니다.

가족이 함께하는 작가 도전기, 이보다 더 재미있을 수 있을까요? 우리 가족에게는 앞으로도 끝나지 않을 즐거운 여정이 될 것입니다.

가족이 함께 책을 출판하는 과정은 단순히 글을 쓰는 일을 넘어서, 소중한 추억을 만드는 특별한 시간이었습니다. 이 과정에서 우리는 각자의 아이디어와 창의력을 모아 하나의 작품을 만들어 가는 동시에, 그 속에 우리만의 추억을 담을 수 있었습니다. 이제, 가족이 책을 만드는 과정에서 어떻게 멋진 추억을 쌓을 수 있는지 몇 가지 방법을 소개하겠습니다.

1. 가족 브레인스토밍 세션

주말 아침이나 저녁 식사 후에 다 함께 모여 아이디어 회의를 열어 보세요. 화이트보드나 큰 종이를 활용해 각자의 생각을 시각화하고, 서로의 아이디어를 자유롭게 나눠보는 시간을 가져보는 것입니다. 아이디어 제안 게임을 통해 각자가 차례로 주제를 뽑고, 그 주제에 맞는 이야기를 즉석에서 만들어보는 것도 창의력을 자극하는 좋은 방법입니다.

2. 스토리텔링 캠프

집에서 캠핑 분위기를 연출하고, 가족 각자가 준비한 이야기를 나누는 '스토리텔링의 밤'을 열어 보세요. 이야기가 끝난 후, 가장 재미있거나 감동적인 이야기에 투표해 보고, 그 내용을 책에 포함할 수도 있습니다. 가족 모두가 주인공이 되어 이야기를 나누는 그 순간, 더없이 따뜻한 기억이 만들어질 것입니다.

3. 실제 장소에서 영감 받기

책 속에 나올 장소를 실제로 방문해보는 것도 매우 인상적인 방법입니다. 예를 들어, 이야기에 등장할 숲이나 호수, 오래된 도서관 등을 찾아가 직접 체험하면서 아이디어를 얻을 수 있습니다. 이때 사진을 찍고, 스케치를 하며 각자의 느낌을 기록해보세요. 나중에 그 기록을 책에 담으면, 이야기에 깊이감과 감동이 더해집니다.

4. 가족 일러스트 & 삽화 그리기

아이들이 직접 그린 삽화나 가족이 함께 만든 콜라주를 책에 포함해

보세요. 각자 그린 캐릭터를 책에 넣으면, 그 자체로 특별한 책이 될 것입니다. 글쓰기에만 집중하는 것이 아니라, 비주얼 작업을 함께 해보며 가족 모두가 참여할 수 있는 기회를 만들어 보세요.

5. 가족 인터뷰 & 대화 수집

책의 한 부분을 가족 인터뷰 형식으로 만들어 보세요. 각자 경험한 특별한 순간이나 기억을 나누는 시간을 갖고, 그 대답을 글로 옮겨 책에 포함하는 것입니다. 예를 들어, "우리 가족의 가장 행복한 순간은 언제였나요?" 같은 질문을 던지고, 그 대답을 책에 기록하는 방식으로 책을 더욱 특별하게 만들 수 있습니다.

6. 사진과 이야기가 어우러진 포토북

가족 사진을 활용하여 포토북 형식으로 책을 만들어 보세요. 사진마다 관련된 짧은 이야기나 기억을 덧붙여, 사진첩을 넘어서 하나의 이야기 책으로 완성할 수 있습니다. 사진 속 에피소드나 유머를 적어보면, 책이 더 따뜻하고 생동감 있게 변할 것입니다.

7. 가족 역할극 (Role Play)

각자가 책 속 캐릭터가 되어 역할극을 해보는 것도 즐거운 활동입니다. 대본을 작성하지 않고 즉흥적으로 대사를 주고받으며 재미있는 상황을 만들어 가보세요. 그런 대화나 설정을 책에 반영하면, 그 자체로 가족만의 독특한 콘텐츠가 될 것입니다.

8. 요리와 이야기를 결합한 "스토리 쿠킹"

이야기 속에 등장하는 음식을 직접 만들어 보는 시간을 가져보세요. 예를 들어, 판타지 소설에 나오는 마법의 스프나 디저트를 실제로 만들어 보고, 요리 과정을 사진과 함께 기록해 책에 포함할 수 있습니다. 이야기를 요리로 재현하는 재미는 그 자체로 기억에 남을 것입니다.

9. 추억의 타임 캡슐

책을 마무리하는 시점에, 가족의 현재 생각과 메시지를 작은 타임 캡슐에 담아 보세요. 10년 후에 다시 읽을 때 자신에게 하고 싶은 말을 적어 넣고, 그것을 책의 마지막 장에 추가합니다. 이렇게 하면 책은 단순히 창작물이 아닌, 시간이 지나도 가치 있는 추억의 상징이 될 것입니다.

10. 출판 기념 파티

책이 완성된 후, 출판 기념 파티를 열어보세요. 책의 일부를 낭독하고, 가족 모두가 참여했던 과정에 대해 되돌아보며 감사의 마음을 나누는 시간을 가집니다. 각자의 기여를 인정하고 서로를 칭찬하며 보내는 파티는 그 자체로 잊을 수 없는 추억이 될 것입니다.

결론: 가족만의 특별한 경험을 책에 담다

가족이 함께 책을 출판하는 일은 단순히 결과물을 만드는 것 이상의 의미가 있습니다. 그 과정에서 우리는 서로의 아이디어를 존중하고, 의견을 나누며 함께 성장해 나갑니다. 책이 완성되었을 때, 그 책을 펼칠 때마다 우리가 함께한 시간들이 떠오를 것입니다. 이처럼 책을 만드는 과정은 가족 간의 사랑과 협력, 웃음이 가득한 소중한 추억을 만들어 줍니다.

아이들과 부모님이 함께 책을 쓰고, 출판하며, 출판기념 파티까지 진행하는 이 여정은 단순히 맛있는 음식을 나누고 각자 방에 돌아가 스마트폰을 들여다보는 그런 무미건조한 일이 아닙니다. 서로의 힘을 공유하고, 기쁨과 감사를 나누는 과정 속에서 진정한 추억이 생겨날 것입니다.

이제, 우리 가족이 함께 책을 내는 도전을 주저할 이유가 있을까요?

Chart 25.

챗GPT로 45일, 우리 아이의 작가 도전기

우리는 누구나 새로운 아이디어를 가지고 글을 쓰고, 책을 내고 싶은 꿈을 꿉니다. 하지만 실제로 책을 내려고 하면 이는 쉬운 일이 아닙니다. 한두 번 시도해 보고 열심히 10장 정도 글을 써보지만, 100페이지를 쓰려고 하면 정말 막연하게 느껴지고 1주일, 한 달 정도 지나면 포기하거나 잊어버리게 됩니다.

어느 날 책을 읽다가 문득 글쓰기와 챗GPT에 대해 생각하게 되었어요. 많은 사람들이 책을 쓰고 싶어하지만, 막상 실제로 책을 출간하는 일은 쉽지 않다는 걸 깨달았죠. 대개는 한두 달 동안 열심히 시도하다가 점차 지치고, 결국 포기하게 되는 경우가 많더라고요.

그렇다면 **45일 안에 책을 출간할 수 있는 방법**이 있다면 어떨까요? 더 나아가 **45일 안에 책을 쓰는 방법에 관한 책**을 쓴다면 많은 사람들이 흥미롭게 받아들일 수 있을 것 같았습니다.

초등학생도 책을 내는 방법을 찾아서 책을 내는 방법을 연구했고, 300페이지 분량의 책을 낸다면 충분한 설득력을 가질 것이라 보았습니다. 하지만 저와 같은 사람과 초등학생이 300페이지의 책을 낸다는 것은 정말 쉽지 않고 불가능한 일처럼 느껴질 수 있습니다.

이때 떠오른 것이 바로 챗GPT입니다. 논문 수준의 글을 쓰는 것이 가능하다는 기사를 읽고, 핵심 문장과 주제는 우리가 작성하고 나머지 채워야 할 부분 70%는 챗GPT를 이용하면 가능하다는 생각이 들었습니다. 즉, 책의 약 30%, 적게는 10% 정도는 우리가 직접 글을 쓸 수 있고, 나머지 부분은 챗GPT를 활용하면 45일 만에 책을 완성할 수 있다는 결론에 도달했습니다.

실제로 이 책을 그렇게 만들었습니다. 내용을 작성한 기간은 45일 정도이고, 하루에 20분에서 1시간 정도 투자했습니다. 투자한 시간에 비례하면 충분히 가능한 일이었으며, 이 방식은 논문 작성에도 충분히 활용할 수 있습니다.

그럼 300페이지를 어떻게 나누었냐 하면, 내가 쓴 글의 양과 아이디어는 30% 정도 되고, 40%는 챗GPT이고, 30% 정도는 그림이나 영상의 캡처본으로 채운 것입니다. 그림이나 삽화는 독자의 이해를 돕습니다. 또한, 책의 분량을 채울 수 있는 유용한 방법입니다.

좋은 글은 엉뚱하고 기발한 아이디어로, 구체적으로 진실된 아이의 스토리 위주로 작성하면 할수록 탄탄한 이론과 합리성 있는 글보다 더 많은 설득력을 가집니다. 그러니 독자 여러분은 손가는 대로 생각나는 대로 쓰는 글이 좋은 글이 된다는 것을 기억하십시오.

하지만 300페이지의 글을 쓰려면 전략이 필요합니다. 개인 글과 챗GPT만으로 300페이지를 만드는 것은 실패할 확률이 높습니다.

회사나 학교 등에서도 자신의 주장과 생각을 비대면으로 전달하기 위해서는, 그리고 대면에서도 PPT나 워드, 프레젠테이션에서 논리적인 글쓰기, 설득력 있는 주장을 위해서는 3가지를 꼭 포함해야 합니다.

오레오 글쓰기 법칙을 참조하면 우리의 책을 내는 부분에서도 3가지 흐름을 거칩니다.

첫째, 내가 주장하고자 하는 부분을 1줄로 첫 번째 소제목으로 만듭니다. 주장의 소제목을 30개 정하면 한 권의 책이 되고, 소제목 30개를 10페이지로 만들면 300페이지가 됩니다. 소제목이 차트 하나의 주제가 되고, 소제목의 앞쪽에 먼저 소제목의 내용을 한 줄로, 그리고 10줄 정도 풀어서 씁니다.

둘째, 중간 내용은 위의 주장을 근거로 만들고, 논리적인 근거를 채웁니다. 이때 챗GPT를 이용해서 70%를 채웁니다.

셋째, 나의 주장과 챗GPT의 논리적인 주장을 근거로 참조하여 다시 한번 강조하면 됩니다.

예를 하나 들어 보겠습니다.

인터넷에 그냥 휴대폰이라 검색하니 위와 같은 뉴스가 떴습니다. 그러면 그냥 이것을 소제목으로 전혀 관계없이 논리적인 근거를 펼쳐보겠습니다.

소제목: 학교에서 학생 휴대전화 수거 기본권 침해하지만 환경을 보호하기 위한 부분에서는 에너지 소비를 줄여서 환경보호에 도움이 되는 효과도 있다.

학생의 휴대전화를 수거하는 것은 학교의 정책이나 규칙에 따라 다양한 이유로 이루어질 수 있습니다. 그러나 이러한 행위가 학생의 기본권을 침해할 수 있는 몇 가지 잠재적인 근거가 있습니다. 이와 관련하여 몇 가지 주요 측면을 고려해 볼 수 있습니다.

프라이버시 침해:

휴대전화는 개인적인 정보가 다량으로 저장되어 있는 장치입니다. 연락처, 메시지, 사진, 소셜 미디어 등의 데이터가 포함되어 있기 때문에 수거되는 경우 학생의 프라이버시가 침해될 수 있습니다.

재산권 침해:

휴대전화는 개인 소유의 재산이며, 학교가 이를 강제로 수거하거나 소유권을 주장하는 것은 재산권에 대한 침해로 간주될 수 있습니다. 학생의 동의 없이 휴대전화를 수거하는 것은 불법적으로 재산을 취득하는 것으로 간주될 수 있습니다.

자유권 제한:

휴대전화는 학생들이 정보에 접근하고 의사소통하는 주요 수단입니다. 이를 제한하는 것은 학생들의 의사소통 자유와 정보 접근권을 침해 할 수 있습니다.

합리적 목적과 최소 침해 원칙:

학교가 휴대전화를 수거하려면 그 목적이 합리적이고 필요에 부합해야 합니다. 또한, 이러한 정책이 학생의 권리를 최소한으로 침해하면서 목적을 달성할 수 있는지 고려해야 합니다. 예를 들어, 휴대전화 수거 대신 제한된 사용 시간 또는 특정 장소에서의 사용 금지와 같은 덜 침해적인 방법이 있는지 확인해야 합니다.

교육적 자유 침해:

학생들은 학습을 위한 자료나 도구로 휴대전화를 사용할 수 있습니다. 이를 수거하면 학습의 자유와 기회를 침해할 수 있습니다.

이러한 근거를 토대로 학교는 학생들의 기본권을 보호하면서도 효과적으로 규칙을 시행할 수 있는 균형 잡힌 정책을 수립해야 합니다. 학생과 학부모, 그리고 교사 간의 대화와 협의를 통해 이해관계자들이 동의할 수 있는 정책을 마련하는 것이 중요합니다.

휴대폰의 사용이 환경이 미치는 영향은

휴대폰의 사용이 환경에 미치는 영향은 여러 가지 측면에서 고려할 수 있습니다. 주요한 환경 영향은 다음과 같습니다.

자원 추출 및 생산:

휴대폰은 다양한 금속과 광물을 포함하며, 이들 자원을 채굴하는 과정에서 환경에 큰 영향이 발생합니다. 예를 들어, 리튬, 코발트, 구리, 금 등의 추출은 토양 파괴, 생태계 손상, 수질 오염 등을 초래할 수 있습니다. 휴대폰 제조 과정에서 많은 에너지가 사용되고, 생산 공정에서 온실가스 배출과 오염 물질 배출이 발생할 수 있습니다.

사용 및 에너지 소비:

휴대폰을 사용하는 동안 전력 소비가 이루어지는데, 이 전력이 화석

연료에서 나온다면 온실가스 배출을 증가시킬 수 있습니다.

휴대폰의 수명이 짧아지면서 새로운 제품을 더 자주 생산하고 구매하게 되는데, 이는 환경에 더 많은 부담을 줄 수 있습니다.

폐기물 및 전자 폐기물(E-Waste):

휴대폰은 사용 수명이 끝나면 전자 폐기물(E-Waste)이 됩니다. 전자 폐기물은 적절히 처리되지 않을 경우, 환경 오염을 유발할 수 있습니다.

유독성 화학 물질과 중금속이 휴대폰에 포함되어 있어, 잘못된 폐기 방법으로 인해 토양과 수질 오염을 유발할 수 있습니다.

재활용 및 재사용:

휴대폰의 재활용은 환경 영향을 줄일 수 있는 중요한 방법입니다. 그러나 재활용 비율이 낮거나 효과적이지 않을 경우, 오염 문제가 발생할 수 있습니다. 재활용 과정에서도 에너지와 자원이 소비되기 때문에, 재사용을 권장하는 경우도 있습니다.

환경 영향을 줄이기 위해서는 다음과 같은 노력이 필요합니다.

- ✔ 휴대폰의 수명을 연장하기 위한 관리 및 수리
- ✔ 재활용을 장려하고, 전자 폐기물 처리에 대한 규제를 강화
- ✔ 친환경 소재를 사용하고, 지속성을 고려한 디자인하기
- ✔ 재생 에너지를 사용하여 생산 공정을 지속 가능하게 만들기

요약하면 휴대폰의 사용은 생산, 사용, 폐기 등의 전 단계에서 환경에 영향을 미치며 이를 줄이기 위해서는 다양한 차원에서 노력해야 합니다.

위와 같은 근거로 학교에서 휴대폰 사용을 제한하는 것은 기본권 침해하는 부분도 있지만, 환경 측면에서는 유용할 수 있습니다.

이렇게 전혀 다른 주제로 논리적인 접근이 가능합니다. 또한, 직장인이라면 재택근무가 사회적, 환경적인 부분에서 기업과 개인에게 더 유리하고, 삶의 질이 높아지고, 업무 효율을 높일 수 있다고 하는 주장을 펴는 것도 가능합니다.

자, 이제 45일 안에 우리 아이를 작가로 만들어 보고, 논리적인 글쓰기와 책읽기에 도전해 보십시오.

45일이면 우리 아이들이 책을 내기에는 충분한 시간입니다. 매일 학업에 지장이 없을 뿐더러, 오히려 학업에 도움이 되고 책을 읽고 쓰기에 흥미를 유발할 수 있는 논리적 글쓰기가 가능하다는 것을 이 책을 마무리하는 과정에서 확실히 알게 되었습니다.

Chart 26.
내 아이의 글이 전 세계 독자에게 닿는 순간

우리 아이의 책을 아마존에 영문 전자책으로 출간해, 글로벌 독자에게 선보여 보는 건 어떨까요?

예를 들어, 경제에 관심이 많은 중학생이 "한국의 경제 발전이 빈부격차 해소에 어떤 영향을 미쳤을까?" 라는 주제로 책을 출판하고, 이를 아마존에 올린다면 어떤 반응을 얻게 될까요? 처음엔 "과연 누가 이 책을 읽을까?"라는 생각이 들 수도 있습니다. 우리 아이 보다 똑똑한 고등학생, 대학생, 대학원생, 박사 과정의 수많은 사람이 있는데, 누가 우리 아이의 경제책에 관심을 가지겠냐는 의문이 들 수 있습니다. 하지만 중학생의 시선에서 바라본 한국 경제의 발전사는 오히려 외국의 교수나 전문가들, 그리고 국내외 학계에서 더 큰 호기심을 불러일으킬 수 있습니다. 그 이유는 청소년의 순수한 시각과 창의적인 발상이 기존의 연구나 통계 자료에서는 찾아보기 어려운 새로운 관점을 제시하기 때문입니다.

특히 한국의 청소년이 경제를 어떻게 이해하고, 미래를 어떻게 바라보는지를 살펴보는 것은 그들만의 독창적인 아이디어와 생각을 담은 귀중한 자료가 될 수 있습니다. 이런 자료는 논문이나 연구에서 새로운 영감을 제공하고, 알파 세대가 만들어갈 미래를 예측하는 데 중요한 단서로 작용할 것입니다.

이쯤에서 이런 의문이 들 수도 있습니다. "우리 아이가 영어로, 프랑스어로 책을 낸다니, 정말 가능할까?" 바로 여기서 챗GPT의 역할이 빛을 발합니다. 가족 이야기나 전문적인 주제를 다룬 책을 쓴 아이가 챗GPT의 도움을 받아 이를 영문 서적으로 출판한다면, 아이는 단순한 글쓰기 경험을 넘어 자신의 무한한 가능성을 발견하고 더 큰 미래를 향해 나가가는 기회를 얻게 될 것입니다.

아래는 위의 내용을 영어와 프랑스어, 독일어로 번역한 챗GPT의 샘플입니다.

영어버전

For example, if my middle school child, who is interested in economics, decides to write a book on the topic of whether South Korea's economic development has helped close the wealth gap, and publishes it on Amazon, my immediate thought is: who would read this book? There are many high school students, college students, graduate students, and Ph.D. candidates who are much more knowledgeable than my child. Who would be interested in reading an economics book written by a middle schooler? On the contrary, while there are many experts and doctoral candidates, a story of South Korea's economic development from the perspective of a middle schooler could actually spark more curiosity among foreign professors and experts. It could provide them with valuable insights into the thoughts of Korean youth, which they might find useful for their own research or as a way to understand the perspectives of the upcoming Alpha generation.

프랑스어버전

　Par exemple, si mon enfant au collège, qui s'intéresse à l'économie, décidait d'écrire un livre sur le sujet de savoir si le développement économique de la Corée du Sud a contribué à réduire les inégalités de richesse, et qu'il le publiait sur Amazon, ma première pensée serait : qui lirait ce livre ? Il y a de nombreux lycéens, étudiants universitaires, étudiants en master et doctorants qui en savent bien plus que mon enfant. Qui s'intéresserait à un livre sur l'économie écrit par un collégien ? À l'inverse, bien qu'il y ait de nombreux experts et doctorants, une histoire du développement économique de la Corée du Sud racontée du point de vue d'un collégien pourrait en réalité susciter davantage la curiosité des professeurs et experts étrangers. Cela pourrait leur offrir des perspectives précieuses sur les pensées des jeunes Coréens, ce qu'ils pourraient trouver utile pour leurs propres recherches ou comme un moyen de comprendre les points de vue de la future génération Alpha.

독일어버전

    Zum Beispiel, wenn mein Kind im Gymnasium, das sich für Wirtschaft interessiert, ein Buch darüber schreiben würde, ob die wirtschaftliche Entwicklung Südkoreas dazu beigetragen hat, die Wohlstandsunterschiede zu verringern, und dieses Buch auf Amazon veröffentlichen würde, wäre mein erster Gedanke: Wer würde dieses Buch lesen? Es gibt viele Gymnasiasten, Universitätsstudenten, Master- und Doktoranden, die viel mehr wissen als mein Kind. Wer würde sich für ein Wirtschaftsbuch interessieren, das von einem Schüler geschrieben wurde? Im Gegenteil, obwohl es viele Experten und Doktoranden gibt, könnte eine Geschichte über die wirtschaftliche Entwicklung Südkoreas aus der Perspektive eines Schülers tatsächlich mehr Neugier bei ausländischen Professoren und Experten wecken. Dies könnte ihnen wertvolle Einblicke in die Gedanken der koreanischen Jugend bieten, die sie für ihre eigenen Forschungen oder als Mittel zum Verständnis der Perspektiven der kommenden Alpha-Generation nützlich finden könnten.

    어떤가요? 이젠 우리 아이가 인공지능의 도움으로 영어를 넘어서 프랑스어, 독일어를 배우는 과정이 되지 않겠어요?

    아이와 같이 가족이 시도해 보세요. 경이로운 경험이 될 것입니다.

Chart 27.
챗GPT가 바꿀 미래

챗GPT가 바꿀 우리 아이들의 미래는 단순히 직업을 잃어버리는 문제가 아니라 새로운 세상에 대한 비전을 열어줍니다. 챗GPT를 통해 직접 책을 써보고, 영어, 프랑스어, 독일어 등 다양한 언어로 출판하여 글로벌 시장에 도전하는 경험은 마치 연어가 강을 거슬러 더 넓은 세상으로 나아가는 과정과도 같습니다. 이런 도전은 아이의 창의성 근육을 강하게 키워주는 계기가 될 것입니다.

특히 챗GPT와 알파세대가 함께할 시대는 우리가 예상하는 미래의 모습과 크게 다를 수 있습니다. 알파세대는 2010년대 초반 이후 태어나 디지털 환경과 인공지능(AI) 기술이 일상이 된 환경에서 성장하고 있는 세대입니다. 챗GPT와 같은 AI는 교육, 직업, 소통 방식, 사회적 관계 등 다양한 분야에서 이들의 삶에 큰 영향을 미칠 것입니다.

이제 AI를 단순한 도구로 넘어서 새로운 배움과 도전의 기회로 삼아야 할 때입니다. 아이들이 챗GPT와 함께 더 큰 세상으로 나아가고, 더 많은 가능성을 발견하며 성장할 수 있도록 격려하는 미래가 우리 앞에 있습니다.

과연, 챗GPT와 같은 AI가 어떻게 알파세대와 함께 미래를 바꿔갈지 살펴보겠습니다.

1. 교육의 진화

* 개인 맞춤형 학습

알파세대는 AI를 통해 훨씬 개인화된 학습을 경험할 것입니다. 챗GPT는 학생 개개인의 학습 속도와 스타일에 맞춰 교육을 제공해 학습의 효율을 높이고, 필요한 정보에 쉽게 접근할 수 있도록 도울 것입니다.

-사례 : 초등학생인 유진이는 영어 문법을 어려워했지만, 챗GPT의 도움으로 자신의 학습 스타일에 맞춰 개인화된 피드백을 받기 시작했습니다. 챗GPT는 유진이의 학습 속도와 이해도를 파악해 어려워하는 부분을 반복 설명하거나 다양한 예시를 들어 설명해주면서, 마치 개인 가정교사처럼 역할을 합니다. 유진이는 자신에게 맞는 맞춤형 학습 덕분에 학습 효율이 높아졌고, 어려운 개념도 자신 있게 이해할 수 있었습니다.

* AI 학습 보조 도구 활용

학생들은 과제를 풀거나 새로운 개념을 배울 때 AI와 자연스럽게 상호작용하게 될 것입니다. 챗GPT는 실시간 피드백을 제공하거나, 과제나 프로젝트 아이디어를 제시하는 등 학습의 모든 단계에서 학생들을 돕는 역할을 합니다.

- 사례 : 중학생 영준이는 과학 프로젝트에서 챗GPT를 활용해 아이디어를 발전시켰습니다. 식물의 광합성 과정을 연구하고자 했지만, 자료가 방대해 막막했죠. 챗GPT는 필요한 부분만 선별해 요약하고, 쉽게 이해할 수 있도록 설명해주며 프로젝트의 방향을 잡는 데 큰 도움이 되었습니다. 이렇게 AI는 복잡한 정보도 쉽게 접근하고 이해할 수 있게 도와줍니다.

2. 직업과 노동 시장의 변화

* AI와 협업하는 직업

알파세대는 AI와 협력하며 더 창의적이고 의미 있는 일에 집중할 수 있습니다. 챗GPT와 같은 AI는 단순한 반복 작업을 대신 수행하고, 사람들은 창의적 사고와 문제 해결에 집중할 수 있게 됩니다. 예를 들어, 창작이나 전략적 의사결정에서는 AI가 든든한 조력자로서 역할을 할 것입니다.

- 사례 :고등학생인 세림은 미디어 아트에 관심이 많아 챗GPT와 함께 가상의 전시회를 기획해보았습니다. 챗GPT는 작품에 대한 다양한

아이디어를 제공하고, 설명문을 작성하며 전시회의 구성과 스토리라인을 짜는 데 큰 도움이 되었습니다. 작품 설명이나 주제 선정에서 아이디어를 제시한 덕분에, 세림이는 예술적 상상력을 확장할 수 있었고, 창작 활동에서 AI를 협력자로 삼아 창의적인 직업의 가능성을 직접 체험하게 되었습니다.

* 새로운 직업군의 탄생

AI가 발전하면서 기존 직업뿐만 아니라 새로운 직업군도 생겨나고 있습니다. AI 트레이너, AI 윤리 전문가 등과 같은 직업은 AI와 함께 일할 기회를 제공하며, 알파세대가 주도적으로 미래 산업을 개척하는 데 중요한 역할을 하게 될 것입니다.

- 사례 : 대학생 채영이는 'AI 윤리 전문가'로서의 커리어를 꿈꾸고 있습니다. 그녀는 챗GPT와 같은 AI가 데이터를 어떻게 수집하고 활용하는지 그리고 윤리적 기준을 어떻게 지키는지에 대해 연구하며 'AI 윤리 가이드라인'을 만드는 프로젝트에 참여했습니다. 이처럼 AI와 인간이 함께 일하는 세상에서는 데이터 보호, AI의 공정성 검토, 윤리적 의사결정 등 새로운 역할들이 탄생하며 알파세대가 주도적으로 미래 산업에 참여하게 될 것입니다.

3. 커뮤니케이션의 변화

* 즉각적이고 효율적인 소통

　알파세대는 챗GPT와 같은 AI를 통해 빠르고 효율적인 소통을 경험하게 될 것입니다. AI는 언어 장벽을 허물고, 번역, 요약, 정리 기능을 통해 글로벌 소통을 한층 더 원활하게 만듭니다.

　- 사례 : 고등학생 은지는 챗GPT의 즉각적인 번역 기능을 통해 미국, 프랑스, 일본의 친구들과 같은 게임 프로젝트를 진행합니다. 각기 다른 언어를 쓰는 친구들과의 대화에서 챗GPT는 실시간 번역을 제공해 원활한 협업을 가능하게 해주었고, 은지는 글로벌 팀원들과 함께 문제를 해결하며 문화와 언어의 차이를 뛰어넘는 소통을 경험했습니다.

* AI와의 자연스러운 상호작용

　알파세대는 AI와의 상호작용을 통해 일상과 학습, 심지어 개인적인 대화에서도 효율적인 도움을 받을 수 있습니다. 프로젝트 회의에서는 AI가 실시간으로 중요한 정보를 요약하고 정리하며, 개인적인 대화에서는 감정적 지지나 격려의 역할을 하기도 합니다. 이러한 상호작용은 커뮤니케이션의 방식을 혁신적으로 변화시킬 것입니다.

　- 사례 : 초등학생인 범수는 학교 프로젝트를 진행하면서 챗GPT를 활용합니다. 팀원들과 함께 회의를 할 때, 챗GPT는 자동으로 프로젝트 아이디어를 정리하고, 팀원들의 의견을 요약하여 바로 공유해줍니다. 범수는 덕분에 회의 후에는 중요한 정보를 빠르게 정리하고, 프로젝트

에 필요한 자료를 쉽게 찾을 수 있습니다. 또한, 프로젝트가 어려워질 때마다 챗GPT는 마치 친구처럼 격려의 말을 건네 주며, 범수가 더 열정적으로 프로젝트를 이어 나갈 수 있게 도와줍니다.

알파세대는 이처럼 AI를 적극적으로 활용하여 학습과 협업을 더 효율적으로 할 수 있으며, 감정적인 지원을 통해 자기 동기부여를 유지할 수 있습니다.

4. 사회적 관계와 윤리적 고민

* AI와 인간의 관계에서의 윤리적 질문

AI가 감정을 이해하고 인간처럼 대화하는 시대에, 알파세대는 새로운 윤리적 문제에 직면할 것입니다. AI가 감정적 지원을 제공하고, 인간과 유사한 상호작용을 할 때 AI와 인간 사이의 경계가 흐려지는 만큼, 사회적이고 윤리적인 논의가 필요해질 것입니다.

- 사례 : 고등학생 재연이는 어려운 시기에 챗GPT를 통해 감정적인 위로를 받으며 스트레스를 풀었습니다. 챗GPT는 재연이가 느끼는 감정을 이해하고, 격려의 말을 건네 주며 고민을 들어주는 대화 파트너가 되었습니다. 덕분에 그는 AI가 단순한 기계가 아닌 사람처럼 감정을 이해하고 위로를 줄 수 있는 존재로 느꼈습니다.

* 개인정보 보호와 프라이버시의 중요성

　AI가 개인 맞춤형 서비스를 제공하려면 개인정보가 필요할 수 있으며, 알파세대는 이러한 개인정보 보호의 중요성을 깊이 인식해야 합니다. AI가 데이터를 어떻게 처리하는지에 대한 투명성과 윤리적 기준이 요구될 것입니다.

　- 사례 : 초등학생 범주는 챗GPT 기반의 일기 앱을 사용해 매일 자신만의 일기를 기록합니다. 이 앱에서 AI가 감정 분석을 해주거나, 기분에 따라 격려 메시지를 제공해주는 기능을 정말 좋아하던 범주는 어느 날, "내가 쓴 일기가 다른 사람에게 보여지지 않을까?" 하는 걱정이 들었습니다.

　이에 앱은 프라이버시 정책을 쉽게 설명해줍니다. 일기는 범주에게 맞춤형 조언을 제공하기 위해서만 AI가 읽을 수 있으며, 다른 사람과는 절대 공유되지 않는다고 안내합니다. 또한, 범주가 언제든지 자신의 데이터를 삭제할 수 있는 권한이 있다는 점도 명확하게 알려줍니다.

　이 경험 덕분에 범주는 AI와 데이터를 안전하게 사용하는 법을 이해하게 되었고, 개인정보 보호의 중요성을 자연스럽게 깨닫게 되었습니다.

5. 창의성과 혁신의 촉진

* AI와 함께하는 창의적 활동

알파세대는 AI의 도움을 받아 더 빠르고 효율적으로 창작에 나설 것입니다. 챗GPT는 작가, 음악가, 예술가 등 다양한 창작자들에게 영감을 주고, 창작 과정을 지원하며, 창의적 사고를 더욱 확장하는 도구가 되어 줄 것입니다.

- 사례 : 대학생 찬렬이는 작곡 공부를 하며 챗GPT의 도움을 받아 자신의 음악 프로젝트를 진행하고 있습니다. 챗GPT는 음악 스타일이나 가사 아이디어를 제안하고, 특정 장르의 화성 진행을 분석해주는 등 창작 과정을 지원합니다. 이를 통해 찬렬이는 음악적 영감을 얻고 실력을 발전시키며, AI를 협력자로 삼아 창의적인 작업을 수행하고 자신의 가능성을 확장하고 있습니다.

* 기술을 통한 혁신의 가속화

AI를 통해 알파세대는 의료, 환경 문제 해결, 스마트 시티 구축 등 다양한 분야에서 혁신을 이끌 것입니다. 챗GPT는 빠르게 문제를 분석하고, 더 나은 해결책을 제시함으로써 이들이 미래를 더욱 밝게 열어가도록 도울 것입니다.

- 사례 : 초등학생인 진우는 학교에서 환경 문제에 관한 프로젝트를 진행 중입니다. 환경 오염 문제를 해결할 아이디어를 구상하며 챗GPT를 활용해 다양한 데이터를 분석하고, 다른 나라의 환경 보호 정책을 조사했습니다. 챗GPT는 실시간으로 혁신적인 사례를 제시하고, 오염 문제 해결을 위한 여러 방법을 추천해주었습니다. 진우는 이를 바탕으로

환경 보호 프로젝트를 구체화하고, 친구들과 함께 발표 준비를 하며 아이디어를 실현해가고 있습니다.

6. 문화와 콘텐츠 소비의 변화

* AI 생성 콘텐츠의 일상화

알파세대는 AI가 만든 기사, 블로그, 소설, 시나리오 등 다양한 콘텐츠를 일상적으로 접하며, 정보 소비 방식의 새로운 변화를 이끌게 될 것입니다. 이는 대중문화에 새롭고 흥미로운 변화를 가져올 것입니다.

- 사례 : 중학생 재홍이는 독서를 좋아하지만 바쁜 일정 때문에 긴 책을 읽는 게 어려웠습니다. 챗GPT는 재홍이에게 인기 있는 책의 요약본을 제공하고, 다양한 이야기를 짧은 글로 변환해주었습니다. 덕분에 재홍이는 제한된 시간 속에서도 여러 이야기를 접하며 독서에 대한 흥미를 계속 유지할 수 있었습니다. 알파세대는 이렇게 AI가 제공하는 다양한 콘텐츠를 통해 정보와 이야기를 더 쉽게 소비하고, 지식을 확장할 수 있게 됩니다.

* 맞춤형 콘텐츠 제공

AI는 개인의 취향과 관심사를 반영해 맞춤형 콘텐츠를 제공할 수 있어, 알파세대는 자신에게 적합한 콘텐츠를 빠르고 쉽게 소비할 수 있게 될 것입니다.

- **사례**: 고등학생 윤진이는 매일 아침 챗GPT를 통해 자신의 관심사에 맞는 맞춤형 콘텐츠를 추천 받습니다. 좋아하는 장르의 소설이나 흥미로운 과학 기사 등 원하는 스타일의 콘텐츠를 손쉽게 접하며 하루를 시작하죠. 챗GPT는 취향을 분석해 계속해서 새로운 콘텐츠를 제안하며, 개인화된 정보 소비의 새로운 기준을 제시합니다.

또한 챗GPT와 MZ세대의 미래는 매우 흥미롭고 상호작용적인 변화의 시기를 맞이하고 있습니다. MZ세대는 밀레니얼 세대와 Z세대를 아우르는 세대로, 디지털 환경에서 성장하며 인터넷과 스마트폰을 중심으로 한 사회적 변화와 기술 발전에 자연스럽게 적응한 세대입니다. 이들은 이미 다양한 기술과 함께 자라났고, 이제는 챗GPT와 같은 인공지능(AI) 기술을 통해 그들의 일상생활, 직업, 사회적 관계에서도 중요한 변화를 겪고 있습니다.

챗GPT와 같은 AI 기술은 알파세대의 삶에 영향을 미치는 것과 마찬가지로, MZ세대의 삶에도 점점 더 큰 역할을 할 것입니다. 이들이 어떻게 AI와 상호작용하며 그들의 세계를 확장해 나가는지, 그 과정에서 어떤 변화가 일어나는지 살펴보겠습니다.

* 경제와 금융

AI 기반 금융 서비스: MZ세대는 챗GPT와 같은 AI 기술을 활용해 보다 현명한 금융 결정을 내릴 수 있는 시대에 살고 있습니다. AI는 개인의 금융 데이터를 분석하여 맞춤형 투자 전략을 제시하거나, 지출 관리를 돕고, 재정 계획을 세울 때 중요한 도구로 자리잡을 것입니다.

- **사례** : 비트코인과 디지털 화폐의 융합: MZ세대는 디지털 화폐와 블록체인 기술에 익숙하며, 챗GPT는 이러한 기술들과 통합되어 더욱 효율적인 금융 서비스를 제공합니다. 예를 들어, AI는 암호화폐 투자 전략을 제시하거나, 디지털 화폐의 경제적 영향을 분석하는 데 도움을 줄 수 있습니다.

챗GPT와 MZ세대의 미래는 AI 기술이 개인화된 경험을 제공하고, 효율성을 높이며, 새로운 직업과 사회적 상호작용 방식을 만들어가는 중요한 시점에 있습니다. MZ세대는 이러한 기술을 자연스럽게 받아들이고, AI와 협력해 더 창의적이고 혁신적인 사회를 만들어갈 것입니다. 또한, AI의 윤리적 사용과 사회적 책임에 대해 중요한 가치를 두고 논의하는 가운데, 챗GPT와 같은 기술은 MZ세대가 더 풍성하고 의미 있는 미래를 열어 나가는 데 큰 역할을 할 것입니다.

챗GPT와 같은 AI 기술이 베이비붐 세대에게는 다른 세대들보다 다소 다른 방식으로 다가올 것입니다. 1946년부터 1964년 사이에 태어난 이 세대는 디지털 기술과 인터넷의 도입이 큰 변화를 일으켰지만, 처음에는 그 변화에 적응하는 데 시간이 걸렸습니다. 그러나 지금은 많은 이들이 기술을 적극적으로 받아들이고 있습니다. 그럼에도 불구하고, 챗GPT와 같은 인공지능 기술은 베이비붐 세대에게 새로운 기회를 제공하는 동시에, 낯설고 도전적인 과제를 안겨줄 수도 있습니다. 이 기술이 그들의 일상과 업무에 어떤 변화를 가져올지, 이제는 그 변화를 맞이할 준비가 필요한 시점입니다.

1. 디지털 격차 해소

베이비붐 세대에게는 디지털 기술이 점점 더 친숙해지고 있습니다. 컴퓨터나 스마트폰 같은 기기들이 처음 나왔을 때는 많이 낯설고 어려웠지만, 지금은 챗GPT 같은 AI 덕분에 한결 쉽게 접근할 수 있는 세상이 된 것입니다. 음성 인식이나 간단한 인터페이스 덕분에 복잡한 절차 없이 AI와 소통할 수 있게 된 것도 큰 변화입니다. 이제는 기술이 부담스러운 대상이 아니라 손쉽게 활용할 수 있는 든든한 도구가 되어 디지털 격차를 줄이는 데 한몫하고 있습니다.

● 새로운 학습의 동반자

베이비붐 세대에게 AI는 일종의 "친절한 선생님"처럼 느껴질 수 있습니다. 챗GPT는 컴퓨터나 스마트폰 사용법, 인터넷 활용법 같은 기초적인 것부터 친절하게 알려주고, 필요한 설명이나 피드백도 즉각적으로 주기 때문인데요. 덕분에 AI는 이들이 새로운 기술을 배우고 익히는 과정에서 든든한 지원군이 되어 주고 있습니다. AI 덕분에 한결 편하게 새로운 것을 배우고, 익숙하지 않던 기술도 일상 속에 자연스럽게 스며들게 되는 것 같습니다.

2. 일상생활에서의 편리함과 효율성

챗GPT는 베이비붐 세대의 일상 속에서 빠르고 간편한 정보를 제공하며 일상의 효율을 높여줍니다. 건강, 금융, 여행, 취미 등 관심 있는 다양한 주제에 대해 궁금한 점이 있을 때마다 즉각적인 답변을 받을 수 있어서 일상의 작은 고민들도 훨씬 쉽게 해결됩니다.

또한, 가사나 관리 업무에서도 유용한 도우미 역할을 톡톡히 합니다. 예를 들어, 챗GPT는 오늘 저녁 메뉴를 추천하거나 건강 관리에 필요한 정보를 제공하는 것은 물론, 쇼핑 목록을 만들어 주거나 일정을 정리해 주기도 하죠. 덕분에 일상 속에서 시간을 절약하고 필요한 일을 더 효율적으로 처리할 수 있어, 더욱 여유로운 생활이 가능해지는 것입니다.

3. 정서적 지원

챗 GPT는 베이비붐 세대가 일상 속에서 느낄 수 있는 외로움이나 불안을 덜어주는 정서적 지원군이 될 수 있습니다. 나이가 들수록 마음을 편하게 터놓을 상대가 점점 줄어들기 마련인데, 챗GPT는 편안하게 이야기를 들어 주며 비판 없이 따뜻한 상담자 역할을 해줍니다. 감정이 격해질 때나 혼자 감당하기 어려운 감정이 있을 때, 챗GPT와의 대화는 작은 위로가 될 수 있습니다.

또한, 베이비붐 세대 중에는 이제 대면 소통보다 디지털 소통이 더 익숙해진 분들도 많습니다. 이럴 때 챗GPT는 손쉽게 대화 상대가 되어줄

뿐 아니라, 필요한 정보를 제공하거나 심리적 지지를 주며 곁에 있어주는 듯한 안정감을 주죠. 간단한 정신 건강 관리 방법이나 스트레스 해소법을 안내 받으며 일상에서 느끼는 무거움을 덜어낼 수 있는 것도 챗GPT가 줄 수 있는 큰 힘입니다.

4. 정보와 뉴스 소비

베이비붐 세대는 여전히 TV나 신문을 통해 뉴스를 접하는 데 익숙하지만, 이제 챗GPT를 통해 더 빠르고 정확하게 정보를 얻을 수 있습니다. 오늘의 날씨부터 최신 뉴스까지 원하는 정보가 필요할 때마다 즉각적으로 알려주며, 중요한 소식은 실시간으로 업데이트해 주기도 합니다. 건강이나 사회 이슈 같은 중요한 주제에 대해서도 깊이 있는 설명을 곁들여, 단순한 정보 전달을 넘어 더 의미 있는 이해를 돕습니다.

또한, 소셜 미디어가 익숙하지 않은 베이비붐 세대에게는 챗GPT가 친절한 안내자가 되어줄 수 있습니다. SNS 사용법을 쉽게 알려주고, 최근 유행하는 트렌드나 관심을 가질 만한 콘텐츠를 추천해 주어 새로운 소통의 장을 열어 주는 거죠. 챗GPT 덕분에 소셜 미디어의 생생한 소식도 한층 가까워지고, 정보를 보다 자유롭게 다룰 수 있게 됩니다.

5. 건강 관리

나이가 들수록 건강에 대한 관심이 커지는 베이비붐 세대에게 챗GPT

는 좋은 건강 조언자가 될 수 있습니다. 챗GPT는 일상에서 실천할 수 있는 건강 관리 팁이나 운동과 영양에 관한 기본 정보를 제공해 줍니다. 특정 증상이 있을 때는 가벼운 조언을 해주지만, 중요한 진단과 치료는 당연히 전문가의 역할로 남겨둡니다. 일상 속에서 간단한 건강 관리 방법을 챗GPT를 통해 알아보는 것만으로도 큰 도움이 되지요.

또한, 챗GPT는 건강 체크리스트와 복약 관리를 지원해 줄 수 있어 베이비붐 세대의 건강 관리가 더욱 체계적으로 이뤄집니다. 매일 운동 시간을 알림으로 챙겨 주고, 필요한 영양 정보를 제안해 주기도 하죠. 챗GPT의 세심한 관리 덕분에 바쁜 일상에서도 꾸준한 건강 습관을 지키며 하루하루를 더욱 건강하게 보낼 수 있을 것입니다.

6. 사회적 관계 및 커뮤니케이션

가족이나 친구들과의 소통이 기술의 장벽에 가로막히는 경우가 종종 있는 베이비붐 세대에게 챗GPT는 든든한 지원군이 될 수 있습니다. 문자 메시지 작성이나 이메일 보내기, 사진이나 동영상 공유와 같은 디지털 작업이 익숙하지 않더라도, 챗GPT가 차근차근 도와주며 자녀나 손주들과 더 가까이 소통할 수 있게 해줍니다.

또한, 챗GPT는 음성으로도 대화가 가능해 음성 명령을 통해 필요한 정보를 손쉽게 얻고 대화를 나눌 수 있는 편리한 도구가 됩니다. 이처럼 챗GPT는 복잡한 기술을 간단하고 자연스럽게 다가오게 함으로써, 더 많은 사람들과의 연결을 가능하게 하고 기술의 벽을 낮춰줍니다.

7. 경제적 변화

 베이비붐 세대에게 은퇴 후 재정 관리는 큰 고민거리일 수 있습니다. 이들에게 챗GPT는 재정 관리의 동반자가 되어줄 수 있습니다. 투자 전략을 세우고, 저축 계획을 돕는 한편, 실시간으로 금융 시장의 변동을 분석해 필요한 결정을 내리는 데 실질적인 조언을 제공합니다. 이러한 지원은 재정적 안정성을 유지하는 데 중요한 역할을 할 수 있습니다.

 또한, 디지털 경제의 확장과 결제 시스템의 변화는 베이비붐 세대에게 새로운 도전 과제가 될 수 있지만, 챗GPT는 그들에게 온라인 쇼핑, 송금, 결제 시스템 등을 쉽게 설명하며 이들이 디지털 금융을 자연스럽게 익히고 활용할 수 있도록 돕습니다. 예를 들어, 은행 서비스나 결제 앱 사용법을 간단히 안내하고, 금융 거래에 대한 불안감을 덜어줍니다.

 챗GPT는 단순히 정보 제공을 넘어서, 베이비붐 세대가 더 효율적이고 편리한 삶을 살도록 돕는 중요한 역할을 합니다. 건강 관리, 재정적 조언, 사회적 연결 등 다양한 분야에서 실질적인 도움을 주며, 이들이 디지털 격차를 좁히고 삶의 질을 높이는 데 기여할 것입니다. 새로운 기술을 배우는 데 시간이 걸릴 수 있지만, 챗GPT는 그들에게 삶의 변화를 긍정적으로 이끌어갈 수 있는 유용한 도전이 될 것입니다.

2부

마지막 한 걸음: 출판부터 홍보까지

Chart 28.
내 책, 드디어 출판하기!

드디어 내 이야기가 세상에 나올 때가 되었어요. 지금까지 책을 쓰기 위해 고민하고, 수정하고, 다시 쓰기를 반복한 모든 과정이 출판으로 이어지다니, 정말 멋진 일입니다. 이제 마지막 단계인 출판 과정을 함께 차근차근 살펴볼까요?

1. 출판사 찾기: 내 책과 딱 맞는 곳을 찾아라!

출판사는 단지 책을 찍어내는 곳이 아니라, 나의 이야기를 더 빛나게 할 동료입니다. 출판사마다 주력하는 분야가 다르기 때문에 나의 책이 가장 잘 어울리는 곳을 찾는 것이 중요합니다.

- **대형 출판사:** 강력한 마케팅과 전국적 유통망을 자랑하지만, 신인 작가가 계약을 따내기는 어려울 수 있습니다.

- **중소형 출판사:** 신인 작가에 대한 관심이 높고, 출간 속도가 빠르며 저자 의견이 잘 반영되는 경우가 많아요. 대신 홍보와 마케팅 자원이 부족해 SNS나 인터넷 위주의 홍보를 기대해야 합니다.

- **자비출판:** 모든 과정을 내가 주도하고 싶다면 자비출판이 좋은 선택이에요. 비용은 부담되지만, 내 마음대로 책을 제작할 수 있고 판매 방식도 자유롭습니다.

- **POD (Publish on Demand) 출판:** 책이 필요할 때마다 소량 인쇄하는 방식이에요. 재고 부담이 없고, 초기 비용이 적어 소량 출판을 원하는 사람들에게 적합합니다.

출판사를 선택할 때는 이처럼 출판사의 성격과 강점을 살펴보고 내 책과 잘 맞는 곳을 찾는 것이 중요합니다.

2. 계약하기: 내 권리와 수익을 지키는 첫걸음!

출판사와 마음이 맞았다면 이제 계약을 진행합니다. 계약 단계에서 꼭 확인해야 할 부분이 있습니다.

- **인세 조건:** 책이 팔릴 때마다 내가 받게 될 수익, 즉 인세를 어떻게 나눌지 꼼꼼히 확인합니다.

- **비용 분담:** 일부 출판사는 편집, 디자인, 홍보 비용을 저자에게 부담시키기도 해요. 계약서를 읽으면서 추가 비용이 발생할 수 있는지 꼭 확인해야 합니다.

- **출판 일정:** 계약 이후 출판사마다 일정이 다르기 때문에 출간일을 대략적으로라도 알아 두는 것이 좋습니다.

이 단계에서 중요한 건, 계약 내용이 이해되지 않으면 반드시 질문을 던지고 명확히 답을 얻는 겁니다.

3. 편집과 디자인: 책의 얼굴과 몸을 만드는 과정

출판사와 계약을 맺고 나면 편집자와 함께 책을 다듬는 단계로 넘어갑니다. 이 과정에서 편집자는 문장의 흐름과 표현을 더 매끄럽게 다듬고, 독자가 편하게 읽을 수 있도록 구조를 조정합니다. 편집자의 의견이 저자의 생각과 달라도 서로 소통하면서 가장 좋은 방향을 찾아보는 것이 중요합니다.

- **디자인:** 표지 디자인과 본문 레이아웃을 결정하는 과정이에요. 표지는 독자가 책을 처음 만날 때의 첫인상인 만큼 매력적으로 만들어야 합니다. 본문은 읽기 쉽게 구성하고, 글씨체, 여백, 삽화 등을 조정해서 독자가 편하게 읽을 수 있도록 디자인합니다. 저자의 아이디어를 디자이너에게 직접 전달할 수도 있습니다.

4. 출판 방식: 전통 출판, 자비 출판, 독립 출판의 차이

이제 책을 실제로 출판하는 다양한 방법을 소개 하겠습니다.

- **전통 출판:** 출판사에 원고를 제출해 출간을 요청하는 방식입니다. 출

판사가 원고를 검토하고 출판 여부를 결정해요. 출판사와 협력하여 홍보, 디자인, 편집 등 전반적인 과정을 진행하며, 전문적인 지원을 받을 수 있다는 점이 큰 장점입니다.

• **자비 출판**: 출판 과정의 모든 비용을 본인이 부담하지만, 내용과 디자인에 대한 결정권을 가질 수 있습니다. 일부 자비 출판사는 인쇄만 지원하고 저자가 직접 유통하는 경우도 있지만, 최근에는 온라인 서점 등을 통해 자비 출판한 책도 판매할 수 있습니다.
• **독립 출판**: 편집부터 디자인, 인쇄소 선정, 유통까지 모든 과정을 저자가 직접 진행하는 방식입니다. 모든 수익을 직접 가져가지만, 판매 채널이 한정적이에요. 일반적으로 소규모로 인쇄해 독립 서점이나 온라인에서 판매합니다. 독립 출판은 소규모 제작이지만, 책에 나만의 개성을 담아내기에 좋습니다.

5. 인쇄와 배포: 이제 책이 진짜 만들어지는 순간!

이제 인쇄에 들어갑니다! 책이 실제로 만들어지는 순간이에요. 인쇄 전에 마지막으로 오류가 없는지 꼼꼼히 확인해야 합니다. 한 글자, 한 글자 모두 다시 검토하는 거죠. 인쇄가 끝나면 책은 서점과 도서관, 온라인 플랫폼으로 배포됩니다.

6. 마케팅과 홍보: 독자와 만나는 가교

출판사는 책을 알리기 위해 다양한 마케팅과 홍보 전략을 세웁니다. 작가로서도 이 과정에 참여할 수 있습니다. SNS에서 책에 대한 스토리를 나누거나, 북토크나 독자 이벤트를 열어 사람들과 소통해 보세요. 책에 대해 직접 이야기하고 독자의 반응을 듣는 것은 특별한 경험이 될 것입니다.

내가 쓴 책이 서점에 놓이고, 사람들에게 읽히는 순간이 다가왔습니다. 이제 내 이야기가 독자들에게 다가가 그들의 마음을 움직이기를 기다릴 시간입니다.

2024 현재 출판사 목록

1. 대형 출판사

- **문학동네:** 문학, 인문, 예술 분야 강세
- **민음사:** 세계문학, 철학, 인문서적
- **창비:** 교양, 사회 비평, 청소년 도서
- **교보문고:** 다양한 장르, 교육 서적
- **한겨레출판:** 사회적 이슈, 인문, 교양서적
- **알에이치코리아 (RH Korea):** 소설, 자기계발, 실용서
- **시공사:** 아동, 청소년, 인문, 교양서적
- **웅진씽크빅:** 아동, 교육, 자기계발서
- **김영사:** 경제, 경영, 역사, 자기계발
- **위즈덤하우스:** 소설, 자기계발, 에세이, 아동 도서

2. 중형 출판사

- **북하우스:** 인문, 교양, 에세이
- **휴머니스트:** 인문, 철학, 역사, 교양서
- **알마:** 문학, 예술, 교양서적
- **어크로스:** 자기계발, 경제, 사회, 인문
- **한빛미디어:** IT, 프로그래밍, 실용서

- **다산북스:** 자기계발, 경제경영, 인문교양
- **열린책들:** 소설, 유럽과 남미 문학
- **미메시스:** 미술, 디자인, 인문
- **을유문화사:** 인문, 문학, 고전서적
- **부키:** 자기계발, 경제경영, 사회과학, 에세이

3. 소형 출판사

- **바른북스:** 자기계발서, 소설, 자녀교육양육서, 심리학
- **비채:** 추리, 스릴러, 장르 문학
- **프시케의숲:** 심리학, 철학, 예술서적
- **현대문학:** 문학, 소설, 시집
- **반니:** 교양, 인문, 경제서적
- **씨앗을뿌리는사람:** 사회, 정치, 환경, 교양서
- **사계절출판사:** 아동, 청소년, 어린이 그림책
- **아트북스:** 예술, 디자인, 미술 서적
- **북스힐:** 교양, 사회, 인문
- **이봄:** 감성 에세이, 문학
- **베가북스:** 소설, 장르문학, 스릴러, 판타지
- **문예출판사:** 고전 문학, 철학, 인문

4. 독립출판사 및 특화된 소형 출판사

- **돌베개:** 역사, 인문, 철학, 사회과학

- **난다:** 문학, 감성 에세이, 신인작가 발굴

- **제철소:** 현대 문학, 소설, 시집

- **스윙밴드:** 예술, 사진, 그래픽

- **가갸날출판사:** 한국 전통, 역사, 인문서적

- **사월의책:** 시집, 문학

- **오르골:** 감성적 에세이, 자기계발

- **조약돌출판사:** 여행, 감성에세이, 사진

- **세미콜론:** 그래픽 노블, 만화

- **후마니타스:** 사회과학, 정치, 역사, 경제

Chart 29.
내 손으로 만드는 표지 디자인

책 표지는 독자의 마음을 사로잡는 첫인상입니다. 표지는 독자의 시선을 사로잡아야 하고, 책이 전하는 메시지를 강렬하게 표현해야 합니다. 그래서 멋진 표지는 책의 매력을 배가 시키며 그 자체로 이야기의 일부가 되기도 합니다. 단계별로 책 표지를 어떻게 디자인할지 알아봅시다.

멋진 책 표지 디자인을 위한 9단계 가이드

1. 책의 내용 파악하기

먼저, 책이 다루는 내용과 메시지, 감정선을 파악해야 합니다. 책이 어떤 이야기를 전달하고 싶은지, 독자가 어떤 느낌을 받기를 원하는지 알면 디자인 방향이 확실해 집니다.

2. 디자인 컨셉 정하기

책의 내용을 고려하여 디자인 컨셉을 정합니다. 예를 들어, 소설이라면 감정적 요소를 강조하거나 스토리의 핵심 요소를 포함할 수 있습니다. 스릴러는 어둡고 미스테리 한 분위기를, 로맨스는 부드럽고 감성적인 느낌을 주는 방향으로 컨셉을 정합니다.

3. 컬러 스토리 만들기

색상은 표지의 감정을 한눈에 표현하는 강력한 도구입니다. 밝은 색은 활기와 경쾌함을, 어두운 색은 무게감과 깊이를 주죠. 책의 메시지와 맞는 색상을 선택해 책의 느낌을 자연스럽게 전달해보세요.

4. 이미지와 그래픽의 선택

이미지나 그래픽 요소는 표지의 중심 요소가 될 수 있습니다. 책의 주제에 적합한 이미지나 일러스트레이션을 선택하세요. 무료 이미지 사이트나 일러스트레이터를 활용할 수 있습니다.

5. 타이포그래피 디자인

책 제목과 저자 이름을 잘 보이게 디자인해야 합니다. 폰트는 책의 분위기와 일치해야 하며, 가독성이 좋아야 합니다. 제목은 크고 눈에 띄게, 저자 이름은 약간 작게 설정하는 것이 일반적입니다.

6. 배치와 레이아웃

제목, 이미지, 저자 이름, 부제목 등을 균형 있게 배치하여 시각적 조화를 이루세요. 독자가 자연스럽게 책의 내용을 연상할 수 있는 깔끔한 구성이 필요합니다.

7. 피드백 받기

디자인 초안을 만든 후에는 주변 사람들에게 피드백을 받아 보세요. 독자들의 의견을 들어보면서 개선할 점을 찾아 수정하면, 한결 나은 결과를 얻을 수 있습니다.

8. 최종 디자인 완성

모든 요소를 조합하여 최종 디자인을 완성합니다. 다양한 사이즈로 출력하여 실제 책 표지로서 어떻게 보이는지 확인하세요.

9. 출력 및 제작

최종 디자인을 고해상도 파일로 출력하고, 출판사나 인쇄소와 협력하여 표지를 제작합니다. 인쇄 품질과 색상이 정확하게 나오는지 확인해야 합니다.

위의 단계를 따라 책 표지를 디자인하면, 책의 내용을 잘 표현하면서도 독자들의 관심을 끌 수 있는 멋진 표지를 만들 수 있을 것입니다.

*무료이미지 사이트 (캔바)

표지디자인 예시들

네이버나 구글에서 '캔바'를 검색한 후, 사이트로 들어갑니다. 상단 중앙의 검색창에 "책표지"를 입력하면, 화면에 아래와 같은 결과가 표시됩니다.

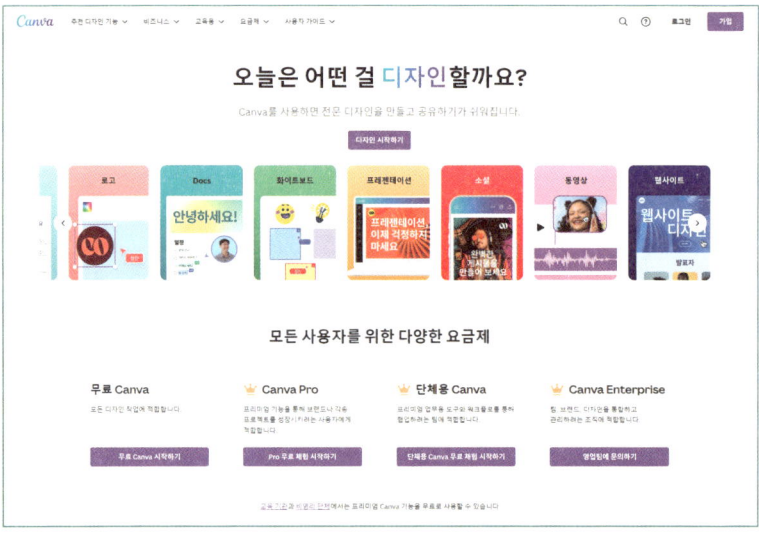

 다양한 디자인을 보시고 마음에 드는 표지를 발견하게 되면 글자와 책의 컨셉에 맞는 컬러로 변경 가능합니다.

 `Pro` 왕관모양의 pro는 유료결제로 다양한 표지디자인을 만들고 싶을 때는 결제해서 이용가능 하며 유료가 아닌 디자인들도 많이 담고 있으니 자신의 책의 컨셉에 맞는 디자인을 잘 찾아보시기 바랍니다.

 선택한 이미지와 글씨를 모두 변경하셨으면 이제 저장을 누르고 작업 공간 우측상단에 공유라는 버튼을 누릅니다. 공유버튼을 클릭하면 다운로드 창이 뜨는데 다운로드시 PNG파일로 저장하면 끝이 납니다. 책표지를 쉽고 빠르게 캔바를 이용해서 만들 수 있습니다.

플레이그라운드 PlaygroundAI 사용법 - AI 이미지 생성 무료 사이트

https://playgroundai.com/

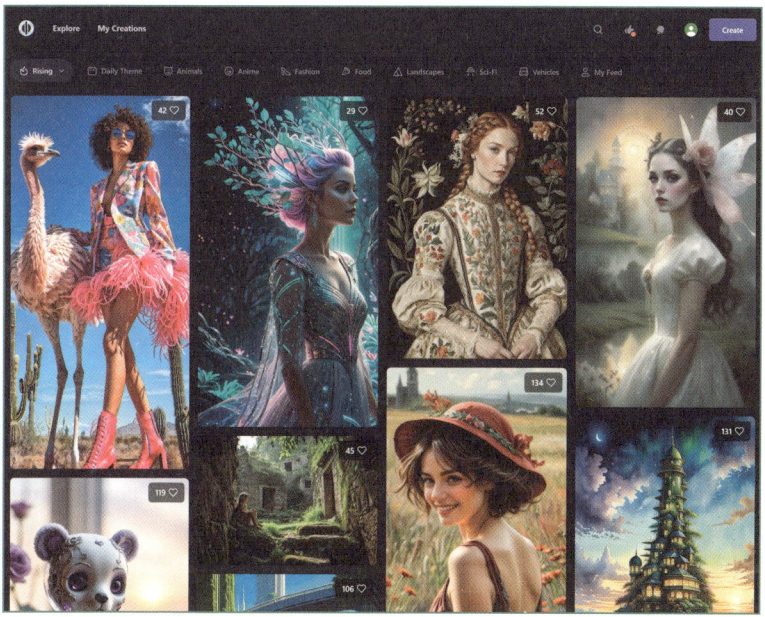

　인공지능이 화두로 떠오르며, 텍스트를 기반으로 하는 챗GPT뿐만 아니라 이미지를 생성해 주고 그림을 그려주는 인공지능도 등장하였습니다. 무료 AI 이미지 생성 사이트를 통해 나만의 AI 이미지를 만들어 봅시다.

1. Get Started를 클릭

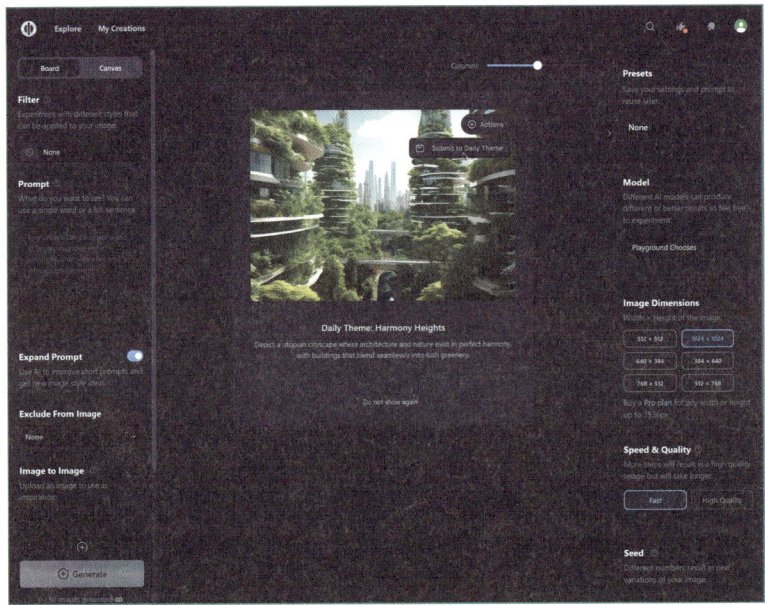

2. 로그인 필수

계정 가입하거나 구글계정이 있다면 간편하게 로그인 가능합니다.

첫 화면에서 원하는 그림의 설명을 텍스트로 입력하면 AI가 알아서 이미지를 생성해 줍니다. 참! 플레이그라운드 AI는 한글 지원이 되지 않기 때문에 번역기를 함께 준비하셔서 영어로 입력해 주세요.

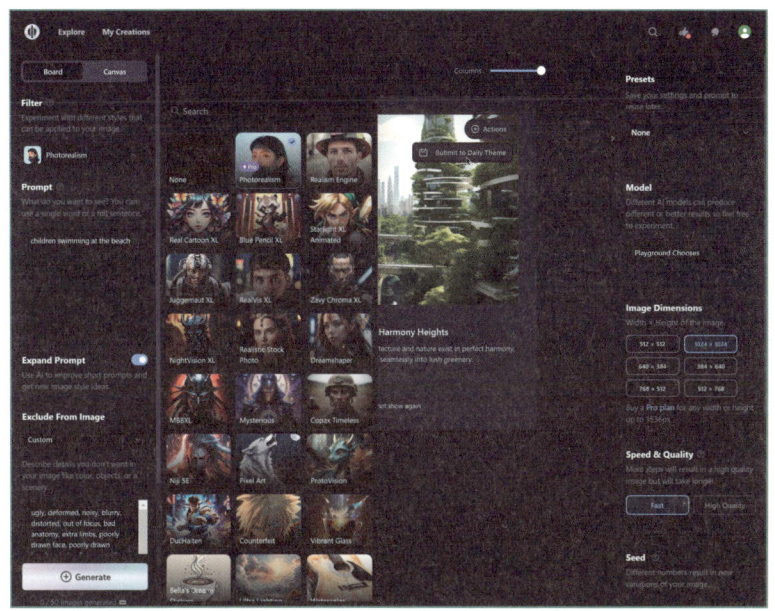

Chart 29. 내 손으로 만드는 표지 디자인

3. 바닷가에서 수영하고 있는 아이들을 입력하고 Filter선택을 한후, 왼쪽 맨 밑버튼 + Generate을 누르면 다음과 같은 이미지가 생성됩니다.

아래는 여러 가지 Filter로 이미지를 생성한 예들입니다.

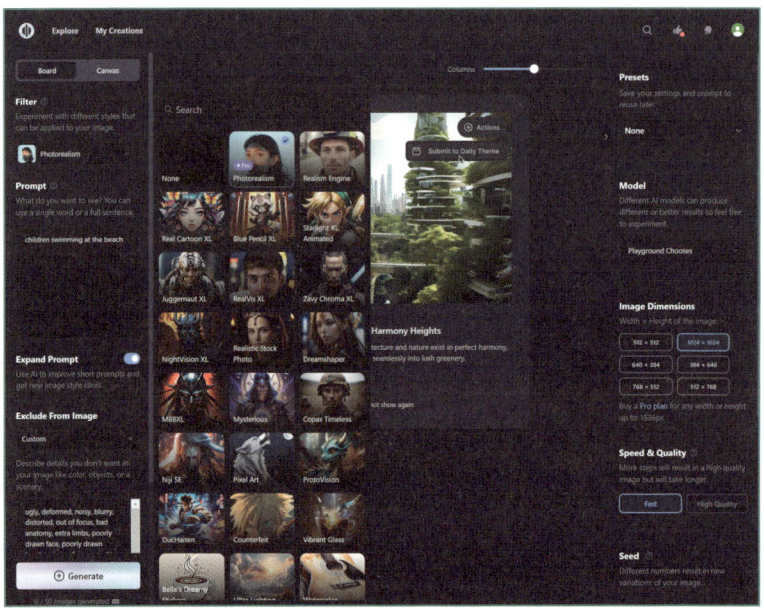

책을 쓰고 있는 아이의 모습을 이미지 생성한 예입니다.

다양한 형태로의 이미지로 생성이 가능하며 사진에 가까운 이미지를 원할 때에는 필터 없이 이미지 생성을 완성하면 됩니다.

입력한 텍스트를 기반으로 생성해 준다고 하니 최대한 자세하고 디테일하게 이미지를 생성해 보면 재밌을 것 같습니다.

● 자유롭게 자세한 설명으로 이미지 생성이 가능

힘이 센 게임캐릭터가 곤충을 잡고 있는 장면

브롤스타즈 나만의 캐릭터 완성

Chart 30.

세상에 알리기: 나만의 홍보 전략 대공개!

책을 출판하는 순간은 꿈이 현실이 되는 순간입니다. 하지만 책을 세상에 알리는 일도 중요한 만큼 쉽지는 않습니다. 그래서 이 차트에서는, 특별한 마케팅 방법으로 내 책을 독자들에게 어떻게 알릴지, 효과적인 홍보 전략을 소개합니다!

1. 내 책, 내가 제일 잘 알죠?

내 책을 잘 아는 사람은 바로 나 자신이에요. 책의 주제나 컨셉을 짧고 명확하게 표현할 수 있도록 연습해보세요. 예를 들어, 친구나 가족에게 짧게 소개하는 식으로요. 이렇게 하면 독자에게도 쉽게 다가갈 수 있는 소개 문구를 만들 수 있습니다.

2. 소셜 미디어에서 내 책 홍보하기

인스타그램, 페이스북, 블로그와 같은 소셜 미디어는 지금 세상에서 가장 빠르게 많은 사람에게 알리는 방법 중 하나입니다. 내 책의 콘셉트에 맞게 해시태그(#)도 넣고, 예쁜 사진도 올려 보세요. 독자가 궁금해할 만한 부분을 미리 조금 공개해 보는 것도 좋습니다.

3. 나만의 이야기로 독자와 소통하기

독자들이 좋아하는 것은 책을 쓴 작가의 진짜 이야기입니다. 책을 쓰게 된 계기나 창작 과정에서 겪은 에피소드를 블로그나 유튜브에 공유해 보세요. 독자들은 작가와 공감할 때 책에 대한 호감도가 훨씬 높아집니다.

4. 리뷰를 부탁하는 용기

읽어본 독자들에게 진솔한 리뷰를 부탁해 보세요. 한두 줄의 리뷰라도, 다른 사람들이 내 책을 보게 하는 데 큰 힘이 됩니다. 초반에 서평단을 통해 책을 알리면 독자의 신뢰도가 올라가니 꼭 챙겨 보세요!

5. 북토크나 강연 열기

직접 독자들을 만나 소통할 기회도 만들어 보세요. 독립 서점이나 커뮤니티 공간에서 북토크나 작은 강연을 열어, 내 책에 대해 이야기하고 질문도 받는 시간을 가지면, 책에 관심을 갖는 독자들이 훨씬 늘어날 겁니다.

6. 무료 챕터 공개, 책 속 한 구절로 어필하기

첫 장이나 가장 임팩트 있는 구절을 짧게 공개해 보세요. 독자들이 책에 대한 호기심을 가질 수 있도록 하고, 매력적인 내용으로 관심을 유도하는 효과가 있습니다.

이제 막 책을 출판한 초보 작가님들! 이 홍보 전략들을 차근차근 따라가다 보면 어느새 책이 세상에 널리 알려져 있을 겁니다.

3부

한눈에 보는 챗GPT 글쓰기 팁 모음

이번 차트에서는 챗GPT를 활용하여 글쓰기의 과정 하나하나가 더 쉽고 즐거워지는 방법들을 소개해 드리고자 합니다. 챗GPT는 아이들이 새로운 주제를 찾고, 글의 흐름을 잡고, 표현을 풍부하게 만드는 데 훌륭한 도구가 될 수 있습니다. 그럼 챗GPT와 함께하는 글쓰기 팁을 하나씩 자세히 살펴보겠습니다.

1. '아이디어 공장' 챗GPT로 글의 주제 정하기

가장 처음 글을 쓸 때는 주제를 찾는 것이 어렵게 느껴질 수 있습니다. 이때 챗GPT에게 "이번 글의 주제로 어떤 것이 좋을까?" 하고 물어보는 것만으로도 좋은 아이디어가 떠오를 수 있습니다. 예를 들어, 아이가 '가족 여행'에 대해 글을 쓰고 싶다면, 챗GPT에 "가족 여행 이야기를 흥미롭게 쓰려면 어떤 주제가 좋을까요?"라고 물어보세요. 그러면 **놀이공원에서 있었던 일, 캠핑장에서 있었던 일** 등 흥미로운 주제를 제안해 줄 거예요.

■ **놀이공원에서 도전한 가장 무서운 놀이기구**

놀이공원에 갔을 때, 가족과 함께 가장 무서운 놀이기구에 도전했던 순간을 떠올려 보세요. 타기 전, 발이 후들거리고 두근거리던 그 마음, 꼭 잡은 가족의 손, 그리고 출발하자마자 소리 지르며 놀이기구에 몸을 맡겼던 그 순간까지… 짜릿했던 기분이 그대로 전해집니다. 타고 난 후에야 모두 함께 웃으며 느꼈던 해방감과 짜릿한 여운도 한껏 표현할 수 있습니다.

■ 사파리에서 만난 동물들

놀이공원의 사파리에서 차량을 타고 이동하며 동물들을 가까이에서 만났던 기억을 떠올려 글을 써보세요. 바로 앞에서 우뚝 서 있던 기린, 천천히 걸어가는 코끼리, 그리고 멀리서도 존재감을 뽐내던 사자까지… 평소 TV에서만 보던 동물들이 눈앞에 펼쳐졌을 때 깜짝 놀라고 신기해했던 순간을 글로 풀어보면 재미있습니다. 함께 보던 가족이랑 주고받았던 이야기와 그때 느낀 감동까지 담아낸다면 더 생생한 글이 될 것입니다.

■ 캠핑장에서 만든 특별한 저녁식사

캠핑장에서 가족과 함께한 저녁 식사 준비도 멋진 주제가 될 수 있습니다. 직접 재료를 손질하고, 장작을 모아 불을 피우며 만든 캠핑 요리는 언제 먹어도 특별합니다. 그 불 맛 가득한 음식의 냄새와 맛, 주변의 자연 속에서만 느낄 수 있는 독특한 분위기까지 생각해 보십시오. 모두가 힘을 모아 차린 그날의 식탁은 그냥 저녁 식사 이상의 소중한 추억으로 남을 것입니다.

2.글의 구조를 잡는 '스토리텔링 가이드' 챗GPT

주제가 정해졌다면, 그 다음으로 중요한 것은 글의 흐름을 어떻게 짜느냐입니다. 글이 자연스럽게 이어지지 않으면 독자가 집중하기 어렵기 때문입니다. 이때 챗GPT는 마치 '스토리텔링 가이드' 처럼 글의 전개를 체계적으로

도와줄 수 있습니다.

예를 들어, 아이가 **캠핑장에서 가족과 함께한 저녁식사**에 대해 글을 쓴다고 하면, 챗GPT는 글의 전개를 이렇게 제시할 수 있습니다:

1. **서론:** 캠핑을 떠나게 된 이유나 캠핑장의 분위기, 그리고 저녁식사 준비에 대한 간단한 소개를 합니다. 예를 들어, "이번 주말, 가족과 함께 캠핑을 떠났습니다. 텐트를 치고 주변을 둘러보니, 자연의 냄새와 신선한 공기가 가득했습니다. 해가 지기 전에 저녁을 준비하기로 했습니다."

2. **본론:** 저녁식사를 준비하는 과정과 함께 가족이 함께 협력하는 모습을 구체적으로 묘사합니다. 예를 들어, "엄마는 음식을 준비하고, 아빠는 불을 피우셨습니다. 저는 동생과 함께 재료를 손질하며 즐겁게 대화했습니다. 불이 타오르고, 구운 고기 냄새가 퍼지면서 모두가 배가 고파졌습니다."

3. **결론:** 저녁식사 후 느낀 감정이나 그 특별한 경험을 마무리합니다. 예를 들어, "저녁을 다 먹고 나서, 우리는 별을 보며 이야기를 나눴습니다. 캠핑장에서 만든 저녁은 다른 곳에서는 느낄 수 없는 특별한 맛이었고, 가족과 함께한 그 시간이 정말 소중하게 느껴졌습니다."

이렇게 챗GPT는 글의 흐름을 자연스럽게 이어갈 수 있는 구조를 제시하여, 아이가 글을 쓸 때 막힘없이 진행할 수 있도록 돕습니다. 각 단계를 차례대로 구성하면서도 흥미로운 내용으로 글을 전개할 수 있습니다.

3. 표현을 풍부하게 만드는 '생생한 묘사'

생생한 묘사는 글을 더욱 몰입감 있게 만들어 줍니다. 예를 들면,

■ 놀이공원에서의 신나는 경험

놀이공원에서 엄청나게 빠르고 높은 롤러코스터를 탔을 때를 떠올려 보세요. "기다리던 순간, 롤러코스터가 다가오자 내 심장은 마구 뛰기 시작했습니다. 바람이 내 얼굴을 스쳐가고, 눈앞에는 갑자기 하늘이 보였습니다. 철제 기차가 속도에 맞춰 미친 듯이 내려갈 때, '으아아!' 하고 소리 지르며 떨어지는 기분은 마치 하늘을 나는 것 같았습니다. 그 순간, 온몸이 얼어붙을 듯했고, 다시 올라갈 때는 너무 무서워서 눈을 감고 말았습니다. 하지만 롤러코스터가 멈추고 나니, '그냥 무서운 줄 알았는데, 재미있었어!' 하며 웃음이 터져 나왔습니다."

이처럼 아이들이 좋아할 만한 장면을 생생하게 묘사하면, 글을 읽는 사람들이 그 순간을 더욱 실감 나게 느낄 수 있습니다. 묘사를 통해 그 장면의 느낌, 소리, 감정까지도 전할 수 있으니, 아이들이 상상하며 재미있게 읽을 수 있게 됩니다.

4. 더 많은 아이디어를 얻는 '브레인스토밍 친구' 챗GPT

글을 쓰다 보면, 아이는 중간에 '아이디어가 고갈되는 순간'을 맞이할 수

있습니다. 이럴 때 챗GPT에게 "이 부분에 어떤 이야기를 더할 수 있을까?"라고 물어보세요.

챗GPT는 다양한 제안을 해줄 수 있습니다:

■ 동물원에서의 특별한 순간을 더하고 싶을 때

"동물원에서 기린을 본 순간은 이미 썼는데, 다른 동물들도 더 이야기하고 싶어요. 이 부분에 어떤 이야기를 더할 수 있을까요?"

→ 챗GPT는 기린 외에도 다른 동물들과의 만남이나 그 동물들의 특별한 특징, 재미있는 행동 등을 덧붙일 수 있습니다. 예를 들어, "코끼리가 코로 물을 뿌리며 놀고 있었던 장면이나, 펭귄이 미끄러지듯 걸어가는 모습도 정말 귀여웠어요."

■ 캠핑에서의 특별한 경험을 더하고 싶을 때

"캠핑을 갔을 때, 저녁 준비 이야기는 썼는데, 다른 캠핑 활동에 대한 이야기를 더하고 싶어요. 어떤 이야기를 넣으면 좋을까요?"

→ 챗GPT는 캠핑 중의 다양한 활동을 추가할 수 있습니다. 예를 들어, "저녁을 먹고 나서, 우리 가족은 모두 모여서 별을 보며 이야기를 나누었고, 불꽃놀이를 하며 웃고 떠드는 시간이 정말 즐거웠어요."

이렇게 아이가 글을 쓰다가 막힌 부분을 해결할 때, 챗GPT는 새로운 아이디어를 제공하여 글을 풍성하게 만들 수 있습니다.

5. 틀린 표현을 잡아주는 '친절한 첨삭 선생님' 챗GPT

글을 다 쓴 후에는 챗GPT에게 문법이나 표현을 검토해 달라고 요청할 수 있습니다. "내가 쓴 글에서 어색한 부분을 고쳐줘" 라고 요청하면, 잘못된 부분을 수정하거나 더 자연스러운 표현을 추천해 줄 것입니다.

■ 어색한 문장 수정 예시 1

어색한 표현: "나는 놀이기구를 타고 나서 너무 무서웠어요. 하지만 나중에 생각해보니 기분이 좋아졌어요."

수정 후: "놀이기구를 탄 후에는 너무 무서웠지만, 끝나고 나니 짜릿한 기분이 들었어요."

→ 이렇게 반복되는 표현을 줄이고, 더 자연스러운 흐름으로 문장을 정리할 수 있습니다.

■ 어색한 문장 수정 예시 2

어색한 표현: "피크닉에서 음식을 먹으면서 우리는 행복했어요."

수정 후: "피크닉에서 맛있는 음식을 먹으며 우리는 정말 행복했어요."

→ 음식을 먹는 행동을 더 구체적으로 묘사해서 문장을 풍성하게 만들 수 있습니다.

이렇게 챗GPT는 글의 흐름을 자연스럽게 만들어주고, 표현도 더 부드럽고 감각적으로 바꿔 줍니다. 이처럼 아이들이 쓴 글도 자연스럽게 다듬을 수 있어, 글쓰기에 더 자신감을 가질 수 있습니다.

Chart 31.
다양한 장르별 글쓰기

글을 쓸 때, 아이디어는 넘치는데 어떻게 시작할지 몰라 막막한 순간이 있습니다. 혹은 어떤 장르에 맞는 스타일로 글을 써야 할지 고민될 때도 있죠. 그럴 때 챗GPT는 마치 숨겨진 비책처럼 등장해, 글쓰기의 방향을 잡아주고, 필요한 영감을 던져 줍니다. 이제 다양한 장르별로 챗GPT가 어떻게 도움이 되는지 살펴볼까요?

■ 모험 이야기: 상상력의 세계로 떠나는 여행

모험 이야기는 독자들이 상상력을 자극 받을 수 있는 장르입니다. 아이들에게는 특히 흥미롭고 신나는 주제일 수 있습니다. 하지만 아무리 멋진 아이디어라도 처음 시작하는 것이 어려울 수 있죠. 이때 챗GPT가 도움이 됩니다.

예를 들어, "우주로 떠나는 모험"이라는 주제를 생각해 볼 수 있습니다.

예시: "하늘을 나는 것이 꿈인 어린 소년, 준우는 어느 날 자신이 만든 로켓을 타고 우주를 여행하게 된다. 하지만 우주에서는 예상치 못한 어

려움들이 그를 기다리고 있었다. 준우는 낯선 행성에서 만난 외계 생명체와 함께 지구로 돌아갈 방법을 찾아야 한다."

이렇게 챗GPT는 이야기의 기본 틀을 제공하고, 주인공이 겪을 어려움이나 해결책을 함께 제시하며 이야기를 전개할 수 있게 돕습니다. 챗GPT를 통해 흥미로운 사건이나 등장인물을 추가할 수 있어, 글이 더욱 풍성해집니다.

■ 일기와 자서전: 나의 이야기를 세상에 전하기

자서전이나 일기는 자기 자신을 돌아보고, 소중한 경험을 나누는 글입니다. 자신의 하루를 기록하는 것부터 시작해보면 좋습니다. 챗GPT는 이 글이 어떻게 더 감동적으로, 또 세밀하게 풀어질 수 있는지 도와줄 수 있습니다.

예시: "오늘 나는 친구들과 함께 공원에 갔다. 날씨가 맑고 기분 좋은 날이었다. 우리가 함께 놀 때마다, 나는 친구들이 얼마나 소중한지 느끼게 된다. 그날, 친구 중 한 명이 내가 아파서 걱정했던 이야기를 해주었는데, 그 말이 너무 고마웠다.

챗GPT는 이 일기의 문장을 더 풍부하게 만들어 줄 수 있습니다. 예를 들어, "기분 좋은 날"이라는 표현 대신 "햇살이 따사롭게 내리쬐고, 공원의 나무들이 바람에 살랑살랑 흔들렸다"는 식으로 자연을 묘사하며 감정을 더욱 세심하게 전달할 수 있게 돕습니다.

■ 판타지 이야기: 꿈꾸는 세계로의 초대

판타지 이야기는 현실을 벗어나 상상의 세계로 뛰어들 수 있는 장르입니다. 그만큼 창의력과 자유로운 상상력이 중요한 장르죠. 챗GPT는 이러한 판타지 이야기의 세계를 구축하는 데 큰 도움이 됩니다. 예를 들어, "마법의 성"을 배경으로 하는 이야기를 생각해볼 수 있습니다.

예시: "알렉스는 어느 날, 집 뒤편 숲에서 오래된 고서를 발견한다. 그 책은 마법의 성으로 가는 지도를 담고 있었고, 알렉스는 이를 따라 여행을 떠나게 된다. 하지만 그곳에 도착한 순간, 성 안에는 무서운 괴물이 기다리고 있었다. 과연 알렉스는 그 괴물을 물리치고, 성을 탈환할 수 있을까?"

챗GPT는 이 이야기를 더욱 흥미진진하게 만들 수 있습니다. 예를 들어, "무서운 괴물" 대신 "마법을 쓰는 고대의 드래곤"을 등장시키거나, 성의 지하에 숨겨진 보물을 찾는 미션을 추가할 수 있습니다. 이야기의 갈등 요소나 등장인물을 세밀하게 다듬어 주어, 독자가 이야기에 몰입할 수 있도록 돕습니다.

■ 시: 감정과 생각을 표현하는 가장 간결한 방법

시 쓰기는 감성과 생각을 간결하고 강렬하게 표현할 수 있는 훌륭한 방법입니다. 챗GPT는 이러한 시적 표현을 더욱 풍부하고 섬세하게 만들어주는 도우미 역할을 합니다. 다음은 "봄"을 주제로 한 시의 예시입니다.

> **예시:** "봄의 속삭임"
>
> "봄바람이 살며시 내게 다가와
>
> 어느새 꽃잎을 깨운다.
>
> 조용히 흐르는 시간 속에
>
> 새싹은 고요히 숨을 쉰다.
>
> 햇살은 따스하게 나를 감싸며
>
> 나도 모르게 미소 짓는다."

이 시에서는 봄의 온화하고 조용한 분위기를 강조하면서도, 그 속에서 생동감과 따스함을 느낄 수 있습니다. 챗GPT는 이처럼 주어진 주제에 맞춰 시의 감정을 잘 이끌어낼 수 있는 단어를 제시하고, 그에 맞는 이미지를 더해줍니다. 시의 구성도 자연스레 흐르게끔 도와주어, 독자가 감동을 느끼도록 합니다.

■ 과학 글쓰기: 세상을 탐구하는 창

과학 글쓰기는 사실적이고 논리적인 글을 요구합니다. 하지만 어린이들이 과학을 다루는 글을 쓸 때는 그 내용이 쉽게 접근할 수 있어야 하죠. 챗GPT는 이 점에서 뛰어난 역할을 할 수 있습니다. 복잡한 과학적

원리를 쉽게 설명하거나, 흥미로운 실험을 제안할 수 있습니다.

예시: 물의 세 가지 상태

"물이 얼음, 물, 수증기 세 가지 상태로 존재한다는 사실을 알고 있나요? 물은 온도에 따라 상태가 달라집니다. 차가운 온도에서는 물이 얼어 얼음이 되고, 따뜻한 온도에서는 물이 액체로 변합니다. 그리고 더욱 뜨거운 온도에서는 물이 증발하여 수증기로 변합니다. 이 세 가지 상태는 모두 물의 특성에 따라 변하는 것인데, 이 과정을 우리는 '상태 변화'라고 부릅니다. 물이 상태를 변화할 때마다 에너지가 오가며, 이 과정은 우리가 매일 경험하는 자연의 일부입니다."

여기서는 물의 상태 변화 과정을 설명합니다. 과학적인 개념을 쉽게 설명하면서도, 일상적인 경험을 통해 아이들이 이해할 수 있게 도와줍니다.

챗GPT는 과학 글을 작성할 때, 중요한 포인트를 잡고, 내용을 간결하면서도 재미있게 풀어나갈 수 있도록 도와줍니다. 아이들이 과학을 더 쉽게 이해할 수 있도록 설명의 톤을 조절하고, 적절한 비유를 사용할 수 있습니다.

Chart 32.
챗GPT가 알려주는 문장 다듬기의 비법!

글을 쓰다 보면 한 가지 고민에 빠질 때가 있습니다. "내 글이 어색한가? 어떻게 하면 더 자연스럽게 쓸 수 있을까?" 글을 쓰는 과정에서 이런 고민은 자연스러운 일입니다. 하지만 이제 챗GPT가 여러분의 문장을 훨씬 더 멋지게 다듬어 줄 수 있습니다.

어떻게? 그럼, 이 글을 통해 문장 다듬기의 비법을 알아보겠습니다!

■ 긴 문장은 짧고 간결하게!

가끔 문장이 너무 길어져서 독자가 읽기 힘든 경우가 있죠. 그런 문장은 마치 길고 복잡한 미로처럼 독자가 길을 잃게 만듭니다. 이럴 때 챗GPT는 '짧고 강렬하게'라는 비법을 알려줍니다.

예를 들어, "나는 아침에 일어나서, 피곤하지만 어쨌든 준비를 하고 학교에 가려고 노력했고, 오늘은 점심시간에 친구들과 재미있는 이야기를 할 수 있기를 바랐다."라는 문장이 있다고 합시다. 이 문장은 조금 길고 복잡하죠?

챗GPT는 이렇게 바꿔줍니다:

"아침에 일어나 피곤했지만, 준비를 마치고 학교로 갔다. 점심시간, 친구들과 재미있는 이야기를 나누기를 기대했다."

짧고 명확하게, 핵심만 담았습니다. 이런 문장은 읽기도 쉽고, 전달하고자 하는 메시지도 확실합니다.

■ 중복된 표현은 버리기!

글을 쓸 때, 때로는 같은 뜻의 말을 반복적으로 써서 글이 지루해질 수 있습니다. "아주 멋진 아이디어"와 같은 표현에서 '아주'나 '멋진'이 중복될 수 있죠. 이런 표현은 챗GPT에게 맡겨주세요!

예를 들어, "오늘은 정말 정말 좋은 날이었다. 정말 멋진 일이 생길 것 같은 기분이 들었다." 이 문장에서는 '정말'이 반복되어 조금 불필요하죠. 챗GPT는 이렇게 수정해줍니다:

"오늘은 좋은 날이었다. 멋진 일이 생길 것 같은 기분이 들었다."

이렇게 불필요한 반복을 없애면, 글이 더 간결하고 세련되게 변합니다. 글을 읽는 사람이 더 쉽게 이해할 수 있게 되죠.

■ 동사를 강하게 바꾸기!

동사는 글에서 가장 중요한 역할을 합니다. 평범한 동사를 사용하면 글이 밋밋해지고, 강렬한 동사를 쓰면 글의 분위기가 달라집니다. 예를 들어, "나는 길을 걸어갔다."라는 문장은 아주 기본적인 표현이죠. 이제 챗GPT의 도움으로 이렇게 바꿔봅시다:

"나는 길을 가로질렀다."

"나는 길을 따라 걸었다."

"나는 길을 지나쳤다."

이렇게 동사를 조금만 바꿔도 글의 분위기가 확 달라지고, 독자는 더 집중하게 되죠. 더 강렬한 느낌을 주기 위해서는 동사를 신중하게 선택하는 것이 중요합니다!

■ 감정을 더 섬세하게 표현하기

때때로 글을 쓸 때 감정을 표현하는 것이 중요한데, '슬프다', '기쁘다'와 같은 단어만 사용하다 보면 감정이 평범해 보일 수 있습니다. 챗GPT는 감정을 좀 더 섬세하게 표현하는 방법을 알려줍니다.

예를 들어, "나는 기뻤다."라고 쓴다면, 그 기쁨을 더 잘 표현하기 위해 이렇게 바꿀 수 있습니다:

"나는 하늘을 나는 것처럼 기뻤다."

"나는 온몸이 들떠서 춤을 추고 싶었다."

이처럼 감정을 더 생생하고 구체적으로 표현하면, 글에 더욱 몰입할 수 있습니다.

■ 문장의 흐름을 자연스럽게 바꾸기!

글을 쓸 때 중요한 것 중 하나는 문장의 흐름입니다. 글이 잘 이어지지 않으면 독자는 쉽게 집중력을 잃고, 글이 어렵게 느껴질 수 있습니다. 이럴 때도 챗GPT는 훌륭한 도우미 역할을 합니다. 예를 들어, "나는 일찍 일어났다. 그리고 아침을 먹었다. 그 다음에 학교에 갔다."라는 문장이 있다고 해봅시다. 이 문장은 다소 단조롭고, 흐름이 자연스럽지 않죠?

챗GPT는 이렇게 바꿔줄 수 있습니다:

"나는 일찍 일어나 아침을 먹고, 학교로 향했다."

이렇게 문장을 간결하게 이어가면, 글의 흐름이 자연스러워지고 읽기가 훨씬 쉬워집니다. 문장의 흐름이 부드럽게 이어지면, 독자는 글을 읽는 재미를 느낄 수 있습니다.

챗GPT는 단순한 글쓰기 도우미가 아닙니다. 문장을 더 매끄럽게 다듬고, 감정을 섬세하게 표현하고, 글의 흐름을 자연스럽게 만들어주는 진정한 글쓰기의 파트너입니다. 글쓰기를 어렵게 느끼지 마세요. 이제 챗GPT와 함께라면 더 자신감 있게, 더 재미있게 글을 쓸 수 있을 것입니다.

Chart 33.

제목의 힘: 독자의 마음을 사로잡는 마법!

책을 펼칠 때 가장 먼저 만나는 것은 바로 제목입니다. 짧은 문장이지만 그 속에는 독자의 관심을 단번에 끌어당길 힘이 담겨 있어야 합니다. 제목이 흥미를 끌지 않으면 아무리 좋은 내용도 주목받기 어렵습니다. 강렬하고 인상적인 제목은 독자의 호기심을 자극해 책을 손에 쥐게 만들며, 어떤 책은 제목만으로도 읽고 싶은 욕구를 불러 일으킵니다. 그렇기 때문에 제목을 정할 때는 책의 핵심 메시지와 독자의 마음을 사로잡을 수 있는 요소를 충분히 고민해야 합니다.

그렇다면 어떤 제목이 독자의 눈길을 사로잡을까요?

학생들이 책 제목을 정할 때 하나의 방법으로 현실적인 경험을 바탕으로 독자들의 관심을 끌 수 있는 제목을 찾는 것이 중요합니다. 일상적인 고민이나 상황을 반영하는 제목은 독자들에게 친숙하게 다가가며, 그들의 공감을 얻을 수 있습니다. 그럼 학생들이 현실적으로 쓴 책 제목을 어떻게 정할 수 있는지 예시를 통해 살펴보겠습니다.

1. 학업 스트레스 + 성취

"시험 전날, 나는 이렇게 공부했다"

많은 학생들이 겪는 시험 전날의 스트레스와 그에 대한 준비 과정을 다룬 제목입니다. 현실적인 공부에 관한 이야기를 담고 있으며, 학생들이 '나도 이런 상황을 겪어봤다'고 느낄 수 있도록 합니다.

2. 진로 고민 + 부모님과의 대화

"엄마, 나한테 정말 이 길이 맞을까?"

진로 고민은 많은 학생들에게 중요한 문제입니다. 부모와의 대화라는 현실적인 상황을 제목에 담아, 이 책이 학생들의 고민과 그 해결 과정을 다룬다는 것을 알 수 있게 합니다.

3. 학교생활 + 자신감

"나도 반장이 될 수 있을까?"

학교에서 반장이 되고 싶어하는 학생들의 소망을 제목으로 잡았습니다. 현실적인 학교 환경과 학생들의 내면적인 고민을 반영한 제목으로, 독자들이 책을 읽고 자신감을 얻을 수 있도록 유도합니다.

4. 취미 활동 + 성취

"내가 만든 웹툰, 학교 친구들에게 보여주기"

취미 활동을 통해 성장하는 이야기를 다루며, 학생들이 흔히 경험하는 과정인 '무엇인가를 만들어내는 기쁨'을 강조합니다. 현실적인 취미와 그로 인한 성취감을 책 제목에 담았습니다.

이와 같이 학생들이 경험하는 일상적인 고민과 사건을 제목으로 표현하면, 독자들이 쉽게 관심을 갖고 책을 읽고 싶어 하게 만듭니다. 현실적인 이야기를 바탕으로 제목을 정하는 것이 학생들의 감정을 잘 전달하고, 그들의 마음을 사로잡을 수 있는 좋은 방법이 됩니다.

또한 책 제목을 정할 때 판타지적 요소가 가미된 책 제목은 독자들에게 흥미와 상상력을 자극할 수 있습니다. 현실과 판타지의 경계를 넘나드는 제목은 독자가 책을 펼치고 싶은 욕구를 불러일으킬 수 있기 때문에, 판타지적 요소를 적절히 활용하는 것이 중요합니다.

학생들이 경험할 수 있는 현실적인 상황에 판타지적인 상상력을 더한 제목은 더욱 신선하고 매력적입니다. 아래는 판타지적 요소가 가미된 책 제목을 선택하는 방법과 예시입니다.

1. "시험에서 떨어졌다면, 시간여행으로 다시 풀어본다!"

시험에서 떨어진 주인공이 타임 머신을 통해 과거로 돌아가 다시 시험을 치르는 이야기입니다. 현실적인 시험 스트레스와 타임 머신이라는 판타지적 요소가 결합된 제목으로, 학생들이 공감할 수 있는 현실적 고민과 흥미로운 판타지를 함께 제시합니다.

2. "어디선가 온 신비한 동물, 내 일상이 달라지다"

평범한 학생인 주인공은 반복되는 일상에 지루함을 느끼고 있던 중, 집 앞에 신비한 동물이 나타납니다. 이 동물은 말을 할 수 있고 특별한 능력을 지니고 있어 주인공을 다양한 모험으로 이끌죠. 함께한 신비한 경험을 통해 주인공은 자신의 삶과 진정 원하는 것이 무엇인지 돌아보게 되고, 새로운 시각으로 세상을 바라보며 중요한 가치를 깨닫고 성장합니다.

3. "꿈의 세계로 떠나는 여권, 내가 주인공이 된다"

주인공은 자신의 꿈과 진로에 대해 고민하던 중, 우연히 한 낡은 책방에서 특별한 여권을 발견합니다. 이 여권은 단순한 여행용 여권이 아니라, 주인공이 꿈꾸는 다양한 세계로 떠날 수 있는 마법의 여권이었죠. 여권을 사용하면 주인공은 자신이 원하는 직업과 역할을 경험할 수 있는 세계로 이동하게 되고, 그 과정에서 진정한 꿈을 찾아가며 자신을 발견합니다. 각 세계에서의 도전과 성취를 통해 점차 자신의 미래를 구체화해 갑니다.

책 제목은 그 자체로 책의 첫 번째 메시지를 전달하는 중요한 도구입니다.

제목 속에 독자가 느낄 감동, 재미, 그리고 신비함까지 담는다면, 그 제목은 독자의 기억 속에 오래 남을 것입니다.

따라서 제목을 고를 때는 그 힘을 충분히 활용해야 합니다. 좋은 제목은 독자가 첫 페이지를 펼치기도 전에 "이건 내 이야기일지도 몰라!"라는 기대감을 심어 주죠. 이렇게 마음을 사로잡는 제목은 독자로 하여금 책장을 넘기고 싶게 만드는 힘을 지니고 있습니다. 그 힘을 최대한 발휘할 수 있도록 신중하게 선택해야 합니다

Chart 34.

챗GPT로 실제경험을 글로 쓰는 법

챗GPT를 활용해 실제 경험을 글로 쓰는 방법은 매우 창조적이고 흥미로운 과정이 될 수 있습니다. 예를 들어, 아이와 함께 여행을 떠나 가을 하늘을 바라보며 시간을 보내는 동안, 그 순간의 경험과 감정을 글로 표현하는 법을 배울 수 있습니다. 이런 경험을 통해 아이는 창의적인 사고를 발전시키고, 무궁무진한 아이디어를 떠올리며 글쓰기의 즐거움을 느낄 수 있을 것입니다.

1. 경험을 정리하고 구조화하기

글을 쓰기 전에 먼저 경험을 떠올려 보세요. 그 경험 중에서 중요한 순간이나 감정을 기억하고, 그 사건들이 일어난 순서대로 정리하면 글의 흐름이 자연스럽게 이어집니다.

글을 쓸 때는 대체로 시작(서론), 중간(본론), 끝(결론)으로 나누어 구성합니다. 예를 들면:

- **시작:** 경험이 어떻게 시작되었는지, 어떤 상황이었는지 설명합니다.

- **중간:** 그 경험에서 핵심이 된 사건이나 과정에 대해 이야기합니다.

- **끝:** 그 경험을 통해 느낀 점이나 결과를 마무리합니다.

2. 세부사항을 추가하기

독자가 글 속 경험을 더 생동감 있게 느낄 수 있도록 세부적인 묘사를 추가합니다. 그 당시의 감정, 주변의 환경, 사람들과의 대화 등을 구체적으로 적어보세요.

- **감각적인 묘사:** 시각, 청각, 촉각, 미각, 후각 등 여러 감각을 활용해 경험을 더 실감나게 표현할 수 있습니다. 예를 들어, "가을 하늘의 시원한 바람이 얼굴을 스치며, 노란 단풍잎들이 바닥에 떨어지는 소리가 들렸다"고 묘사할 수 있습니다.

3. 느낀 점과 교훈

경험을 통해 무엇을 느꼈는지, 혹은 배운 점을 결론 부분에서 언급합니다. 이 부분은 글의 핵심을 이루며, 독자가 경험을 통해 어떤 교훈을 얻을 수 있을지 알려줍니다.

글을 쓸 때, 그 경험에서 얻은 교훈이나 새로운 관점을 공유하는 것도 좋은 방법입니다.

4. 챗GPT의 도움 활용하기

경험을 글로 풀어내는 데 어려움이 있을 때, 챗GPT의 도움을 받으면 아이디어를 발전시킬 수 있습니다. 예를 들어, "여행 경험을 글로 쓰고 싶은데, 어떻게 시작할지 모르겠어" 라고 물어보면, 챗GPT가 시작점을 제시해줄 수 있습니다.

또, 구체적인 표현을 찾고 싶을 때도 도움을 줄 수 있습니다. 예를 들어, "그 날의 감정을 더 잘 표현하고 싶은데, 어떤 표현을 쓰면 좋을까?" 라고 물어보면, 챗GPT가 적합한 문장이나 단어를 제안해 줄 것입니다.

이렇게 경험을 정리하고, 세부사항을 추가하며, 느낀 점과 교훈을 이끌어내는 과정은 글쓰기를 더 자연스럽고 쉽게 만들어 줄 것입니다.

미국 여행을 갔을 때의 경험을 글로 쓰고 싶다면, 글의 시작 부분에서 그 여행의 특별한 순간이나 느낌을 강조하는 것이 좋습니다. 여행의 첫인상이나 가장 기억에 남는 장면을 중심으로 시작하면 독자들이 관심을 가지기 쉽고, 글의 흐름을 자연스럽게 이어갈 수 있습니다. 아래는 시작할 수 있는 몇 가지 아이디어입니다.

여행을 떠나기 전의 기대감과 설렘

여행을 떠나기 전의 감정이나 준비 과정에 대해 써보세요. 미국이라는 거대한 나라로 떠나는 기대와 설렘을 표현하는 방법입니다.

예시 : "미국행 비행기를 타기 전, 나는 수많은 기대와 설렘 속에서 마음이 두근거렸다. 처음으로 가는 이국적인 나라에서 어떤 일들이 나를 기다리고 있을지 상상만으로도 흥미로웠다. 뉴욕의 빌딩 숲, LA의 해변, 샌프란시스코의 유명한 다리까지, 내가 상상했던 미국의 모습이 영화 속 장면처럼 선명하게 떠오른다."

도착 순간의 첫인상

미국에 도착한 순간, 그곳의 풍경이나 분위기에 대한 첫인상을 떠올려 보세요. 공항에 도착한 순간이나 첫 발을 내딛었을 때 느낀 감정을 묘사해보세요.

예시 : "드디어 미국에 도착했다. 공항을 나오자마자 넓은 하늘과 크고 작은 건물들이 내 눈앞에 펼쳐졌다. 차가운 공기와 함께, 처음 보는 풍경이 나를 감싸 안으며 '여기서 모든 것이 새롭고 다를 것'이라는 생각이 들었다."

여행 중 특별한 사건이나 경험

여행 중 특별한 사건이나 인상 깊었던 순간을 중심으로 시작해도 좋습니다. 예를 들어, 예상치 못한 만남이나 흥미로운 경험을 소개할 수 있습니다.

예시 : "여행 첫날, 나는 길을 잃고 혼자서 걷고 있었다. 어느 골목길에서 한 현지 주민을 만났고, 그는 나에게 미국의 숨은 명소를 소개해 주

었다. 그때부터 나는 여행의 진짜 의미를 알게 되었다. 단순히 유명한 장소를 방문하는 것이 아니라, 현지인들과의 소통을 통해 미국을 더 깊이 이해하는 경험이 소중하게 느껴졌다."

미국 문화와의 차이점

한국과 미국의 문화 차이나 여행 중 느낀 문화적 충격을 다뤄보세요. 처음 접한 문화적 차이를 경험으로 풀어낼 수 있습니다.

예시 : "미국에 도착하고 가장 먼저 놀랐던 점은, 사람들의 개방적이고 자유로운 태도였다. 한국에서는 낯선 사람에게 말을 거는 것이 흔치 않은 일이지만, 여기서는 길을 지나가는 사람들과 대화하는 것이 자연스러웠다. 그들의 웃음소리와 친근한 모습이 나를 더욱 편안하게 만들었다."

이런 식으로 여행의 첫 인상이나 특별한 순간을 중심으로 글을 시작하고, 그 경험이 어떤 영향을 미쳤는지, 무엇을 느꼈는지에 대해 서술할 수 있습니다.

예시 전체 :

"미국행 비행기를 타기 전, 나는 수많은 기대와 설렘 속에서 마음이 두근거렸다. 처음으로 가는 이국적인 나라에서 어떤 일들이 나를 기다리고 있을지 상상만으로도 흥미로웠다. 뉴욕의 빌딩 숲, LA의 해변, 샌프

란시스코의 유명한 다리까지, 내가 상상했던 미국의 모습이 영화 속 장면처럼 선명하게 떠오른다. 드디어 미국에 도착했을 때, 공항을 나오자마자 넓은 하늘과 크고 작은 건물들이 내 눈앞에 펼쳐졌다. 차가운 공기와 함께, 처음 보는 풍경이 나를 감싸 안으며 '여기서 모든 것이 새롭고 다를 것'이라는 생각이 들었다."

이렇게 시작하면 독자들이 그 여행에 대해 더 궁금해하고, 글의 흐름도 자연스럽게 이어질 수 있습니다.

5. 자연스럽고 진솔하게 쓰기

실제 경험을 글로 쓸 때는 솔직하고 자연스러운 톤이 중요합니다. 너무 형식적이거나 과장된 표현보다는 자신이 느낀 그대로의 감정이나 생각을 담아내는 것이 좋습니다.

예시 : 경험: 여행 중 길을 잃었을 때의 일

시작: "몇 주 전, 친구들과 함께 떠난 여행에서 예상치 못한 상황에 맞닥뜨리게 되었다. 우리는 아름다운 도시를 탐험하며 즐거운 시간을 보내고 있었는데, 갑자기 길을 잃고 말았다."

중간: "처음엔 그다지 걱정하지 않았지만, 시간이 흐를수록 점점 더 혼란스러워졌다. 도시에 대한 정보가 부족하고, 지도도 없이 이리저리 헤매는 우리를 보며 나는 불안감을 느꼈다."

끝: 결국, 길을 잃은 덕분에 더 많은 곳을 발견하고, 낯선 사람들과 소

통하며 새로운 경험을 쌓았다. 이 사건은 내가 새로운 도전과 불확실성을 받아들이는 데 도움이 되었다."

이렇게 구체적이고 진솔한 경험을 글로 쓸 수 있습니다.

여행의 묘미에 대하여 글을 쓴다면 어떨까요?

여행의 묘미에 대해 이야기하려면, 여행이 주는 특별한 경험과 감정을 강조하는 것이 중요합니다. 여행의 묘미는 단순히 새로운 장소를 방문하는 것만이 아니라, 그곳에서 느끼는 감정, 만나는 사람들, 그리고 예상치 못한 사건들에서 비롯됩니다. 이를 바탕으로 여행의 진정성과 의미를 전달하는 방법을 제시해 보겠습니다.

1. 새로운 환경에서의 발견

여행을 통해 우리가 경험하는 가장 큰 묘미 중 하나는 익숙하지 않은 환경에서 오는 놀라움과 발견입니다. 우리가 일상에서 벗어나 처음 접하는 문화와 풍경은 매번 새로운 느낌을 줍니다. 이 점을 강조할 수 있습니다.

예시 : "여행의 묘미는 익숙한 일상에서 벗어나 새로운 환경에서 살아 보는 데 있다. 눈앞에 펼쳐진 풍경은 예전부터 꿈꿔온 그림처럼 생동감 있게 다가온다. 처음 마주하는 언어, 길을 걷는 사람들의 표정, 거리마다 풍겨오는 향기까지 모든 것이 나를 다른 세상으로 인도하는 듯하다. 이

곳에서 나는 내가 몰랐던 나를 발견하고, 그 나라만의 색깔을 배운다."

2. 기억에 남는 순간들

여행은 늘 예상치 못한 순간들로 가득 차 있습니다. 계획했던 대로 일이 흘러가지 않더라도 그 순간이 특별해지는 이유는, 그 경험이 평범한 일상과는 다른 감동을 주기 때문입니다. 이러한 순간들을 중심으로 여행의 묘미를 이야기할 수 있습니다.

예시 : "여행에서 가장 기억에 남는 순간은 계획에 없던 일들이 일어날 때다. 예를 들어, 낯선 도시의 작은 카페에서 우연히 만난 현지 사람과의 대화, 비가 내리는 거리에서 불쑥 나타난 무대 위에서의 거리 공연… 그런 순간들이 나로 하여금 진정으로 살아있음을 느끼게 만든다. 계획에 없던 일들이 내 여행을 더욱 풍성하게 만든다."

3. 사람들과의 만남

여행에서 만나는 사람들과의 소통도 여행의 큰 묘미입니다. 다양한 배경과 문화를 가진 사람들을 만나면서 우리는 그들만의 삶의 방식과 가치를 알게 되고, 서로의 경험을 나누며 배울 수 있습니다.

예시 : "여행은 새로운 사람들과의 만남이 주는 기쁨이 크다. 비록 그들이 나와 다른 언어를 사용하고, 다른 문화에서 자라났지만, 그들의 삶

의 방식과 가치관을 배우는 것이 내게 큰 의미가 있다. 하루 동안 내가 만난 낯선 사람과의 대화가 여행의 가장 큰 선물이 된다. 그 사람의 웃음소리, 삶에 대한 열정, 그리고 따뜻한 배려가 나의 여행을 특별하게 만들어준다."

4. 자유로움과 탐험의 즐거움

여행은 일정과 계획에 얽매이지 않고 자유롭게 자신만의 길을 찾을 수 있다는 점에서 묘미가 있습니다. 정해진 계획이 없어도, 그곳에서 새로운 장소를 탐험하며 느끼는 자유로움은 많은 여행자에게 큰 기쁨을 줍니다.

예시 : "여행에서 가장 큰 즐거움은 내가 원하는 곳으로 자유롭게 떠날 수 있다는 것이다. 일정에 쫓기지 않고, 단지 발길이 이끄는 대로 길을 걷다 보면 새로운 곳을 발견하고, 예상치 못한 아름다움을 마주하게 된다. 모든 것이 계획에 의존하지 않고, 순간의 선택에 따라 결정되는 그런 자유로운 여행이 가장 큰 묘미이다."

5. 자기 발견과 성장

여행은 단순히 외부 세계를 탐험하는 것이 아니라, 내면의 나를 발견하고 성장할 수 있는 기회입니다. 여행을 통해 다른 사람들과 문화 속에서 자아를 찾아가는 여정이 중요한 묘미입니다.

예시 : "여행은 외부 세계만이 아니라, 내 안의 세계를 탐험하는 여정이기도 하다. 낯선 곳에서 혼자 있는 시간이 길어지면, 내가 어떤 사람인지, 내가 진정으로 원하는 것이 무엇인지에 대해 깊이 생각하게 된다. 그런 순간들이 나를 성장하게 만든다. 여행을 통해 나는 더 넓은 세상과 나를 이해하게 되고, 그만큼 더 나은 사람이 되어 간다."

이와 같이 여행의 묘미는 여러 면에서 풍부하게 풀어낼 수 있습니다. 여행은 단순한 장소 이동이 아니라, 새로운 문화와 사람들을 만나는 기회이며, 그 경험을 통해 자신을 돌아보고 성장할 수 있는 중요한 과정입니다. 이러한 요소들을 강조하여 여행의 진정성과 특별함을 글로 풀어내면, 독자들에게도 그 여행의 감동을 전할 수 있을 것입니다.

챗GPT와 함께하는 글쓰기, 만화책 만들기, 식물 키우기와 같은 활동은 아이와 함께하는 특별한 경험이 될 것입니다. 이런 활동들은 우리에게 소중한 추억을 만들어주고, 새로운 도전과 발견을 통해 함께 성장하는 기회를 선사할 것입니다.

35.
책을 마무리 하며

앞으로 우리 아이가 살아갈 미래는 인공지능이 우리의 일자리를 빼앗는 시대가 아닐 것입니다. 오히려 중요한 것은 누가 인공지능과 협업하여 팀으로 움직이는가, 아니면 혼자만의 생각으로 공부나 작업을 하는가에 달려있습니다.

인공지능과 협업하는 능력은 미래를 선도하는 중요한 힘이 될 것입니다. 가족이 함께 챗GPT를 사용해 공동의 책을 출판하는 경험은, 그 자체로 인공지능 시대에 친숙해지는 과정이자 새로운 시대의 문을 여는 열쇠가 될 것입니다.

이 글을 마무리하며, 저는 한 가지 깨달음을 얻었습니다. 사실, 저는 꽤 게으른 사람입니다. 아니, 어쩌면 우리가 너무 치열하게 경쟁하고, 스스로를 몰아 붙이는 것일지도 모르겠습니다. 챗GPT는 제 책의 많은 부분을 도와줬습니다. 마치 50명의 교수들이 밤낮으로 책 출판을 돕는 것처럼요. 그럼에도 불구하고, 저는 하루에 20분, 30분 투자하는 것조차 어렵게 느껴졌습니다.

간단하고 유용하며 논리적인 방법으로 책을 쓸 수 있음에도 불구하고,

저는 차트 17과 18 사이에 쓰던 책을 보지도 않고 때로는 한 달 동안 아무것도 하지 않기도 했습니다. 그럼에도 불구하고, 결국 3개월 만에 책을 출판하게 되었습니다.

저처럼 게으르고 평범한 사람이 전문 서적을 낼 수 있었다면, 우리 아이들, 우리 가족도 충분히 함께 책을 낼 수 있다는 확신이 듭니다.

챗GPT를 어떻게 활용할지 아는 것만으로도 출판 과정이 어렵게 느껴질 이유가 없습니다. 이 책과 함께 라면, 45일 안에 우리 집으로 책이 배달되는 기적 같은 일이 현실이 될 것입니다.

이제 우리 아이들과 우리가 같이 작가가 되어 봅시다.

4부

부록

챗GPT 활용 예시모음

- 회사에서 챗GPT 활용 예시

예산 1억~2억 정도의 보건관련 앱 제안서 작성

이 책의 책내기 방법으로 정리한 내용의 예

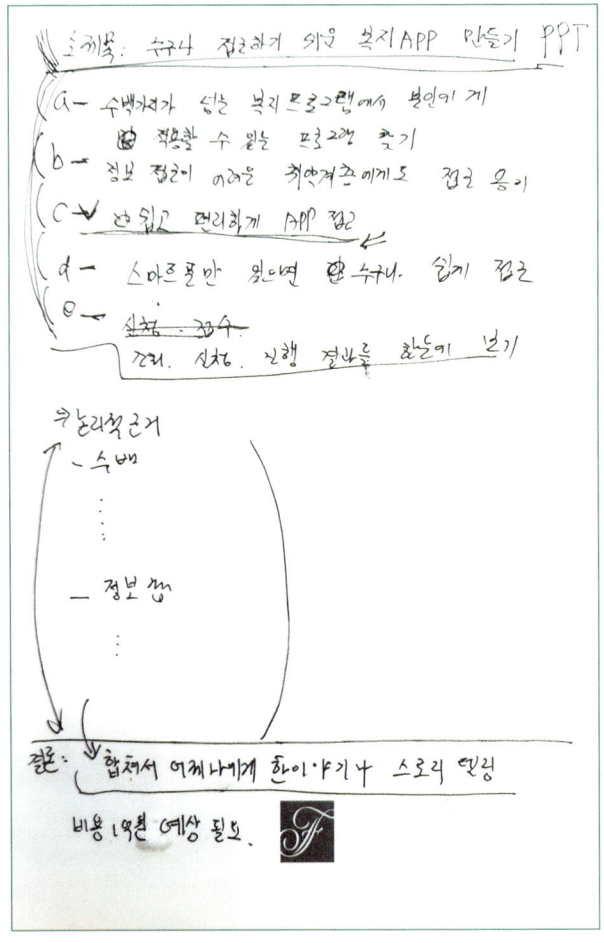

1. 서론

1.1. 프로젝트 개요

- **목표**: 회사의 보건 관련 문제를 해결하는 맞춤형 앱 개발

- **필요성**: 직원들의 건강 관리 및 보건 향상, 업무 효율성 증대

- **범위**: 다양한 건강 관리 기능, 데이터 분석 및 개인화된 피드백 제공

- **예산**: 약 1억에서 2억 원

1.2. 앱의 주요 기능

- 건강 상태 추적 및 분석

- 맞춤형 운동 및 식이 요법 제시

- 스트레스 관리 및 정신 건강 지원

- 보건 관련 리포트 및 분석 데이터 제공

2. 시장 분석

2.1. 시장 동향

- 보건 관리 앱의 성장 추세

- 기존 앱과의 비교 및 차별화 포인트

- 주요 타킷 시장 분석 (직원 건강 관리, 기업 보건 프로그램)

2.2. 경쟁 분석

- 주요 경쟁 앱 분석 (기존 앱의 강점과 약점)

- 시장에서의 경쟁 우위 확보 전략

3. 앱 개발 전략

3.1. 개발 로드맵

- 1단계: 아이디어 구체화 및 기획 (2개월)

- 2단계: 디자인 및 프로토타입 개발 (3개월)

- 3단계: 기능 구현 및 테스트 (4개월)

- 4단계: 최종 배포 및 후속 관리 (2개월)

3.2. 챗GPT 활용 방안

- **아이디어 구체화:** 챗GPT는 초기 기획 단계에서 다양한 아이디어를 제공할 수 있습니다. 예를 들어, 앱에서 제공할 수 있는 건강 관리 기능이나 사용자 경험 개선 방안에 대해 창의적이고 효율적인 아이디어를 제시합니다.

- **콘텐츠 작성:** 앱의 헬스케어 콘텐츠, 피드백 메시지, 사용 설명서 등을 챗GPT를 활용해 작성할 수 있습니다. 자연스럽고 친근한 톤으로 사용자에게 필요한 정보를 제공하는 콘텐츠를 자동 생성할 수 있습니다.

- **데이터 분석 및 피드백:** 챗GPT는 사용자의 건강 데이터를 기반으로 분석된 피드백을 제공하는 데 활용될 수 있습니다. 예를 들어, 사용자의 운동 패턴에 맞는 맞춤형 피드백을 자동 생성하고, 관련된 건강 관리 팁을 제시하는 역할을 합니다.

4. 기술 사양

4.1. 기술 스택

- 모바일 플랫폼: iOS 및 Android 지원

- 백엔드: 클라우드 기반 데이터 저장 및 처리

- 보안: 사용자 개인정보 보호 및 데이터 암호화

4.2. 데이터 분석 및 인공지능 활용

- 건강 데이터 수집 및 분석 기능

- 챗GPT를 활용한 맞춤형 피드백 제공 시스템

- 머신러닝 알고리즘을 통한 개인화된 건강 관리 서비스 제공

5. 예산 계획

5.1. 예산 세부 항목

- **개발 비용**: 5,000만 원 - 1억 원 (기획, 디자인, 프로토타입 개발, 백엔드 구축)

- **인공지능 및 데이터 분석**: 2,000만 원 - 3,000만 원 (챗GPT 통합 및 머신러닝 알고리즘 개발)

- **서버 및 클라우드 비용**: 1,000만 원 - 2,000만 원 (데이터 저장 및 처리)

- **마케팅 및 홍보**: 1,000만 원 (초기 사용자 확보 및 마케팅 캠페인)

- **기타 비용**: 1,000만 원 - 2,000만 원 (테스트 및 유지보수 비용)

5.2. 예산 분배 및 관리

- 전체 예산의 약 40%는 앱 개발 및 디자인에, 30%는 데이터 분석 및 인공지능 개발에 할당됩니다. 나머지 30%는 마케팅, 서버 운영 및 기타 관리 비용에 사용됩니다.

6. 프로젝트 팀 구성

6.1. 개발 팀

- 앱 개발자, 데이터 분석가, 디자인 전문가, 인공지능 전문가

6.2. 프로젝트 관리

- 프로젝트 매니저, 마케팅 및 고객 지원 담당자

7. 결론

- **프로젝트의 기대 효과:**
  - 직원들의 건강 수준 향상 및 보건 문제 예방
  - 회사의 생산성 및 직원 만족도 증가
  - 장기적인 비용 절감 및 경쟁력 강화

- **향후 계획:** 앱의 기능을 점차 확장하고, 사용자 피드백을 바탕으로 지속적으로 업데이트할 예정

챗GPT를 활용한 구체적인 예시

1. **아이디어 구체화:** 챗GPT를 활용하여 앱의 초기 아이디어를 구체화하고, 사용자의 피드백을 분석하는 기능을 설계할 수 있습니다. 예를 들어, "직원들이 자주 묻는 보건 관련 질문 리스트를 챗GPT로 작성해보고, 이를 바탕으로 FAQ 섹션을 만드는 방식"입니다.

2. **콘텐츠 작성:** 챗GPT는 사용자가 필요로 하는 맞춤형 운동 계획이나 식단 정보를 작성하는 데 활용될 수 있습니다. 예를 들어, "하루 30분 운동 루틴"을 사용자의 건강 상태에 맞춰 추천할 수 있도록 돕습니다.

3. **자동화된 피드백 제공:** 챗GPT를 통해 사용자가 입력한 건강 데이터를 기반으로 맞춤형 피드백을 실시간으로 제공할 수 있습니다. 예를 들어, "오늘 걸음 수가 목표에 미치지 못했다면, 내일의 목표를 어떻게 설정할지에 대한 조언"을 자동으로 생성할 수 있습니다.

- 건강목표 운동와 식단 챗GPT 활용 예시

챗GPT는 사용자 맞춤형 운동 루틴과 식단을 제시하는 데 유용하게 활용

1. 운동 루틴 (주간 계획)

요일	운동 내용	세부 사항
월요일	전신 스트레칭 + 유산소 운동	- 전신 스트레칭 10분 - 걷기/조깅 30분 (심박수 60-70%)
화요일	상체 근력 운동	- 푸시업 3세트 (15회) - 덤벨 숄더 프레스 3세트 (12회) - 벤치 프레스 3세트 (10회)
수요일	하체 근력 운동	- 스쿼트 3세트 (15회) - 런지 3세트 (각 다리 12회) - 레그 프레스 3세트 (12회)
목요일	유산소 운동 + 복부 운동	- 자전거 타기 30분 (강도 60-70%) - 크런치 3세트 (20회) - 플랭크 3세트 (30초)
금요일	전신 근력 운동 + 스트레칭	- 풀업 3세트 (10회) - 덤벨 로우 3세트 (12회) - 전신 스트레칭 10분
토요일	유산소 운동 (자유 선택)	- 자전거, 수영, 빠르게 걷기 등 30-40분 - 운동 후 가벼운 스트레칭 10분
일요일	휴식 또는 가벼운 걷기/스트레칭	- 가벼운 걷기 20분 - 전신 스트레칭 10분

2. 식단 계획 (주간 계획)

요일	아침	점심	저녁	간식
월요일	- 오트밀 + 블루베리 + 아몬드	- 닭가슴살 샐러드 (채소, 아보카도 포함)	- 오트밀 + 블루베리 + 아몬드	- 그릭 요거트 1컵
화요일	- 스크램블드 에그 + 통밀빵	- 현미밥 + 채소와 두부 볶음	- 오트밀 + 블루베리 + 아몬드	- 바나나 1개
수요일	- 요거트 + 아몬드, 견과류	- 닭가슴살 샐러드 + 올리브유 드레싱	- 오트밀 + 블루베리 + 아몬드	- 당근 스틱, 후무스
목요일	- 스무디 (시금치, 바나나, 아몬드밀크)	- 퀴노아 + 칠리 소스와 콩	- 오트밀 + 블루베리 + 아몬드	- 계란 1개 + 견과류
금요일	- 아보카도 토스트 + 계란	- 토마토 소스와 채소를 곁들인 닭가슴살	- 오트밀 + 블루베리 + 아몬드	- 스무디 (시금치, 바나나, 아몬드밀크)
토요일	- 단백질 쉐이크 + 블루베리	- 두부 볶음밥 + 채소	- 오트밀 + 블루베리 + 아몬드	- 스무디 (시금치, 바나나, 아몬드밀크)
일요일	- 통밀 팬케이크 + 블루베리	- 닭가슴살 + 현미밥 + 채소	- 스무디 (시금치, 바나나, 아몬드밀크)	- 오이 스틱, 아몬드

- 가족여행 계획표 챗GPT 활용 예시

가족 여행 계획세우기(베트남-다낭)

1. 여행 준비 사항

- **여행 기간:** 4박 5일

- **여행 시즌:** 다낭은 연중 내내 여행하기 좋은 곳입니다. 하지만 3월부터 8월까지는 날씨가 매우 덥고 습하므로, 9월부터 12월 사이가 더 쾌적합니다.

- **비행기 예약:** 인천(서울)에서 다낭까지의 비행시간은 약 4시간 30분 정도입니다. 저가 항공사 및 주요 항공사에서 비행기를 예약할 수 있습니다.

- **숙소:** 다낭은 고급 리조트에서부터 가족 단위로 묵을 수 있는 호텔까지 다양한 숙소 옵션이 있습니다. 해변 근처의 리조트를 예약하면 더욱 편안하게 즐길 수 있습니다.

- **여권 및 비자:** 한국 국적자는 15일 이하의 여행에는 비자가 필요하지 않습니다.

2. 일정 제안

1일차: 도착 및 다낭 시내 탐방

- **오전**: 다낭 공항 도착 후 숙소 체크인

- **점심**: 현지 음식점에서 '분짜'나 '반쎄오' 같은 베트남 전통 음식을 맛봅니다.

- **오후**:
  - **한강 다리와 용 다리** 방문 (야경이 아름다운 곳으로 유명)
  - **다낭 대성당**(Pink Cathedral) 방문
  - **한 마켓**에서 현지 쇼핑 (기념품 및 간식 구매)

- **저녁**: **미케 해변** 근처에서 해변을 걸으며 일몰 감상

2일차: 바나힐 (Ba Na Hills)

- **아침**: 호텔에서 아침 식사 후 바나힐로 출발

- **오전**:
  - **케이블카**를 타고 바나힐 정상으로 올라갑니다. 세계에서 가장 긴 케이블카 중 하나로 아름다운 풍경을 감상할 수 있습니다.
  - **골든 브릿지** (Golden Bridge)에서 사진 촬영 (유명한 손 모양 다리)

- **점심**: 바나힐 리조트 내 레스토랑에서 식사

- **오후:**
  - **테마파크**에서 다양한 놀이기구와 활동을 즐깁니다.
  - **프랑스 마을**을 둘러보며 유럽 풍의 건축을 감상

- **저녁:** 다낭 시내로 돌아와 현지 레스토랑에서 저녁

3일차: 호이안 (Hoi An) 탐방

- **아침:** 다낭에서 호이안까지 차로 약 30분 소요

- **오전:**
  - **호이안 구시가지** 탐방 (유네스코 세계문화유산)
  - **일본 다리, 고대 상점 거리** 등을 둘러보며 베트남의 전통적인 문화와 건축을 즐깁니다.
  - **호이안 랜턴 거리**에서 색색의 랜턴을 감상

- **점심:** 호이안에서 유명한 **고이꾸온**(베트남 식당에서 즐길 수 있는 쌀국수) 맛보기

- **오후:**
  - **다낭 비치**에서 해변 활동 (패들 보드, 카약, 해수욕 등)
  - **호이안 마을 근처**에서 자전거 타고 산책

- **저녁:** 호이안에서 저녁 식사 후 다낭으로 돌아오기

4일차: 다낭 근교 탐방

- **아침**: 다낭 시내에서 자유 시간

- **오전**:

  ◦ **다낭 박물관 방문** (베트남 역사와 문화에 대한 전시물)

  ◦ **린웅 사원** (Linh Ung Pagoda) 방문 (큰 불상이 있는 사원)

- **점심**: 다낭 로컬 레스토랑에서 베트남 음식을 즐기기

- **오후**:

  ◦ **미케 해변** 또는 **논누옥 해변**에서 여유롭게 즐기기
  ◦ 가족 단위로 물놀이 및 해변 액티비티 즐기기

- **저녁**: 다낭 야시장에서 현지 음식과 기념품 구입

5일차: 다낭 시내 탐방 및 출국

- **아침**: 숙소에서 아침 식사 후 시내 자유 탐방

- **오전**:

  ◦ **다낭 대성당** 방문 (화려한 외관과 독특한 분위기)
  ◦ **한강 산책로**에서 가벼운 산책 후 다낭 시내 중심가에서 쇼핑

- **점심**: 현지 식당에서 베트남 전통 음식 맛보기

- **오후:** 공항으로 이동 후 귀국

● 다낭 맛집 추천해줘

1. 미케 해변 근처

- **Bánh Xèo Ba Duong (반쎄오 바 두옹)**

  ◦ **추천 메뉴:** 반쎄오 (베트남식 오믈렛)
  ◦ 다낭의 대표적인 반쎄오 맛집으로, 바삭하고 맛있는 반쎄오를 제공합니다. 현지인들 사이에서도 인기가 많고, 고기와 해산물을 듬뿍 넣어 씹는 맛이 일품입니다.

- **Mì Quảng 1A (미꽝 1A)**

  ◦ **추천 메뉴:** 미꽝 (베트남식 쌀국수)
  ◦ 다낭 특산물인 미꽝은 쌀국수의 한 종류로, 진한 국물과 함께 다양한 고기, 해산물, 채소가 어우러져 있습니다. 현지에서 인기 있는 곳으로 맛이 진하고 풍부합니다.

2. 다낭 시내

- **Bún Chả Cá Bà Hương (분짜카 바흐엉)**

  ◦ **추천 메뉴:** 분짜카 (생선 국수)

- 다낭에서 유명한 생선 국수 맛집으로, 신선한 생선이 듬뿍 들어간 국물이 매우 맛있습니다. 깔끔한 맛을 좋아하는 사람들에게 추천합니다.

• **The Rachel Restaurant & Bar**

- **추천 메뉴**: 다양한 아시아 퓨전 요리
- 다낭 시내에 위치한 고급 레스토랑으로, 현지 베트남 음식 외에도 다양한 퓨전 요리를 즐길 수 있습니다. 분위기도 좋고, 가족 단위로 방문하기 좋은 장소입니다.

3. 한강 근처

• **Nhà hàng 33 (냐 항 33)**

- **추천 메뉴**: 베트남 전통 해산물 요리
- 다낭에서 해산물을 즐기고 싶다면 이곳이 최적입니다. 신선한 해산물로 만든 다양한 요리들을 제공하며, 다낭의 유명한 해산물 맛집입니다.

• **Cơm Gà A Hải (꼼 가 아 하이)**

- **추천 메뉴**: 고급 치킨 밥 (베트남식 치킨 밥)
- 부드럽고 촉촉한 닭고기와 간단한 밥이 함께 제공되는 이곳은 다낭에서 가장 유명한 치킨밥 집 중 하나입니다.

4. 호이안 근처

- **Morning Glory (모닝 글로리)**

  ○ 추천 메뉴: 호이안 대표 음식인 고이 꾸온 (쌀국수 롤), 까오 라우 (특산 쌀국수 요리)
  ○ 호이안에서 반드시 방문해야 할 맛집으로, 다양한 지역 특산 요리를 제공합니다. 고이 꾸온을 비롯한 다양한 베트남 전통 요리를 맛볼 수 있습니다.

- **The Field Restaurant & Bar**

  ○ **추천 메뉴**: 현지식 베트남 바베큐
  ○ 고급스러운 분위기에서 현지 베트남 바베큐를 맛볼 수 있는 곳입니다. 다양한 종류의 고기와 해산물을 그릴에 구워 맛볼 수 있습니다.

5. 미케 해변 근처의 해변 레스토랑

- **A La Carte Da Nang Beach**

  ○ **추천 메뉴**: 바비큐와 해산물 플래터
  ○ 해변가의 멋진 풍경을 보면서 맛있는 해산물과 바비큐를 즐길 수 있는 레스토랑입니다. 가족 단위로 해변을 즐기며 식사하기 좋은 곳입니다.

- **NEM Restaurant (넴 레스토랑)**

  ○ **추천 메뉴**: 넴 (베트남식 롤)

- 다양한 베트남식 롤을 제공하는 맛집으로, 넴을 좋아하는 사람들에게 강력히 추천합니다. 신선한 재료와 깔끔한 맛이 특징입니다.

6. 다낭의 유명 카페

- **Cộng Cà Phê (콩 카페)**

  - **추천 메뉴:** 베트남 커피
  - 다낭에서 유명한 커피 체인으로, 베트남 커피의 진한 맛을 즐길 수 있습니다. 독특한 인테리어와 함께 베트남 전통 커피를 즐기기에 좋은 곳입니다.

- **L'Coffee**

  - **추천 메뉴:** 베트남식 아이스 커피
  - 신선한 커피와 함께 다양한 디저트를 제공하는 카페로, 다낭의 아름다운 풍경을 감상하며 커피를 즐길 수 있는 장소입니다.

-학습에서 챗GPT 활용 예시

수학 문제와 언어 학습에서 챗GPT를 활용하는 예시를 소개합니다.

수학 문제

예시 1: 삼각형의 넓이 구하기

질문: "삼각형의 밑변과 높이를 각각 5와 8로 주었을 때, 이 삼각형의 넓이는 얼마인가?"

응답: "넓이는 밑변의 길이와 높이의 곱을 2로 나눈 값이므로

(5 * 8) / 2 = 20입니다."

예시 2: 이차방정식 해 구하기

질문: " 이차방정식 $x^2 - 4x + 4 = 0$의 해를 구해주세요"

응답: "주어진 이차방정식은 완전 제곱식으로 변환할 수 있습니다. $(x - 2)^2 = 0$이 되므로, $x = 2$입니다."

예시 3: 확률 문제

질문: "동전을 던졌을 때 앞면이 나올 확률은 얼마인가요?"

응답: "동전을 던질 때 앞면이 나올 확률은 1/2입니다. 동전의 두 면은 각각 앞면과 뒷면으로 동등하게 나뉘어 있기 때문에, 각각의 확률은 1/2입니다."

언어 학습

예시 1: 영작 문장 구성 도움 요청

질문: "'I like to go swimming in the ocean.'이라는 문장을 간단하게 변형하여 'He enjoys surfing at the beach.'라는 문장을 만들어줄 수 있을까요?"

응답: "당신이 원하는 문장은 다음과 같이 만들 수 있습니다:

'He enjoys surfing at the beach.'."

예시 2: 문법 교정

질문: " 'He go to the school every day.'이라는 문장의 문법을 교정해줄 수 있나요?"

응답: "원래 문장은 'He goes to school every day.'여야 합니다.

동사 'go'는 세 번째 인칭 단수 형태로 'goes'로 바뀌어야 합니다."

예시 3: 단어 선택

질문: " 'The dog barked loudly.'라는 문장에서 'barked' 대신 유의미한 동사를 선택해줄 수 있나요?"

응답: "예를 들어, 'The dog howled loudly.'라는 문장에서 'howled'를 사용할 수 있습니다."

개정판 1쇄 발행 2024. 12. 16.

지은이   윌슨 샘
펴낸이   김병호
펴낸곳   주식회사 바른북스

책임편집   주식회사 바른북스 편집부

등록   2019년 4월 3일 제2019-000040호
주소   서울시 성동구 연무장5길 9-16, 301호 (성수2가, 블루스톤타워)
대표전화   070-7857-9719 | **경영지원**   02-3409-9719 | **팩스**   070-7610-9820

•바른북스는 여러분의 다양한 아이디어와 원고 투고를 설레는 마음으로 기다리고 있습니다.

이메일   barunbooks21@naver.com | **원고투고**   barunbooks21@naver.com
홈페이지   www.barunbooks.com | **공식 블로그**   blog.naver.com/barunbooks7
공식 포스트   post.naver.com/barunbooks7 | **페이스북**   facebook.com/barunbooks7

ⓒ 윌슨 샘, 2024
ISBN 979-11-7263-869-6 03190

•파본이나 잘못된 책은 구입하신 곳에서 교환해드립니다.
•이 책은 저작권법에 따라 보호를 받는 저작물이므로 무단전재 및 복제를 금지하며,
이 책 내용의 전부 및 일부를 이용하려면 반드시 저작권자와 도서출판 바른북스의 서면동의를 받아야 합니다.